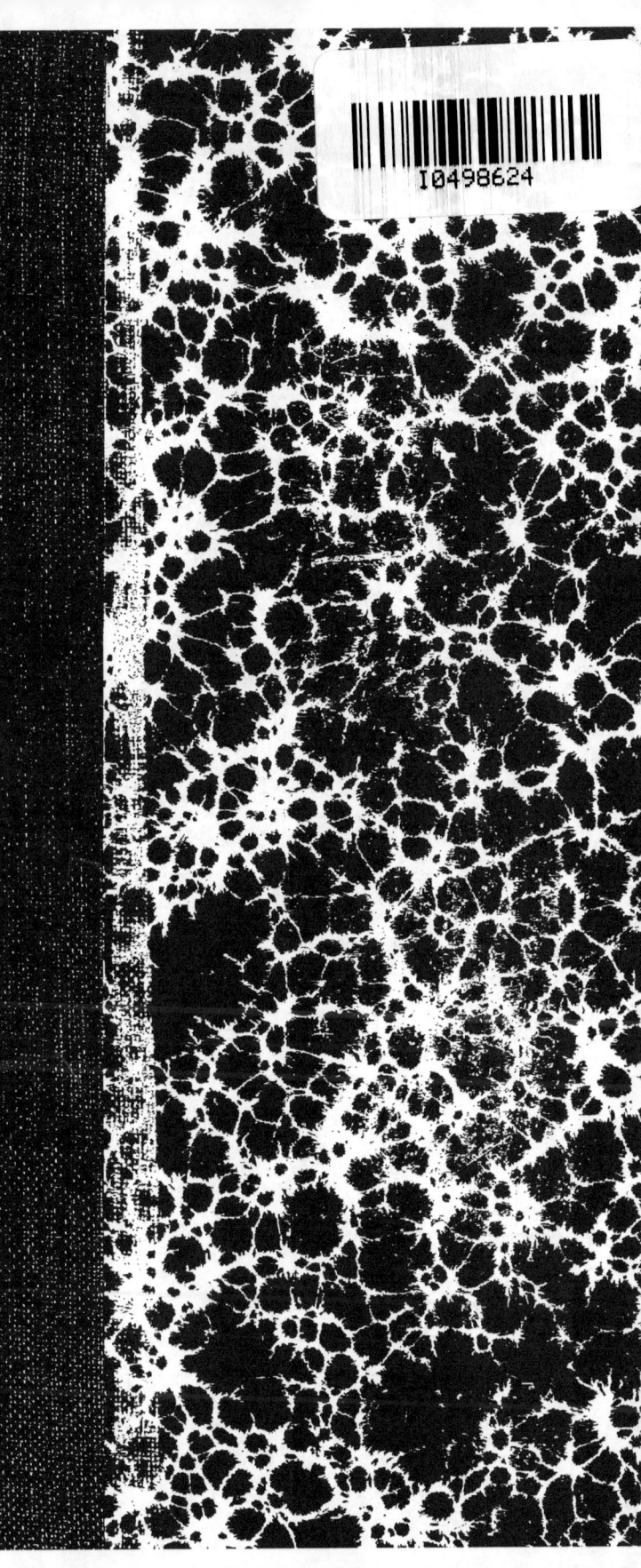

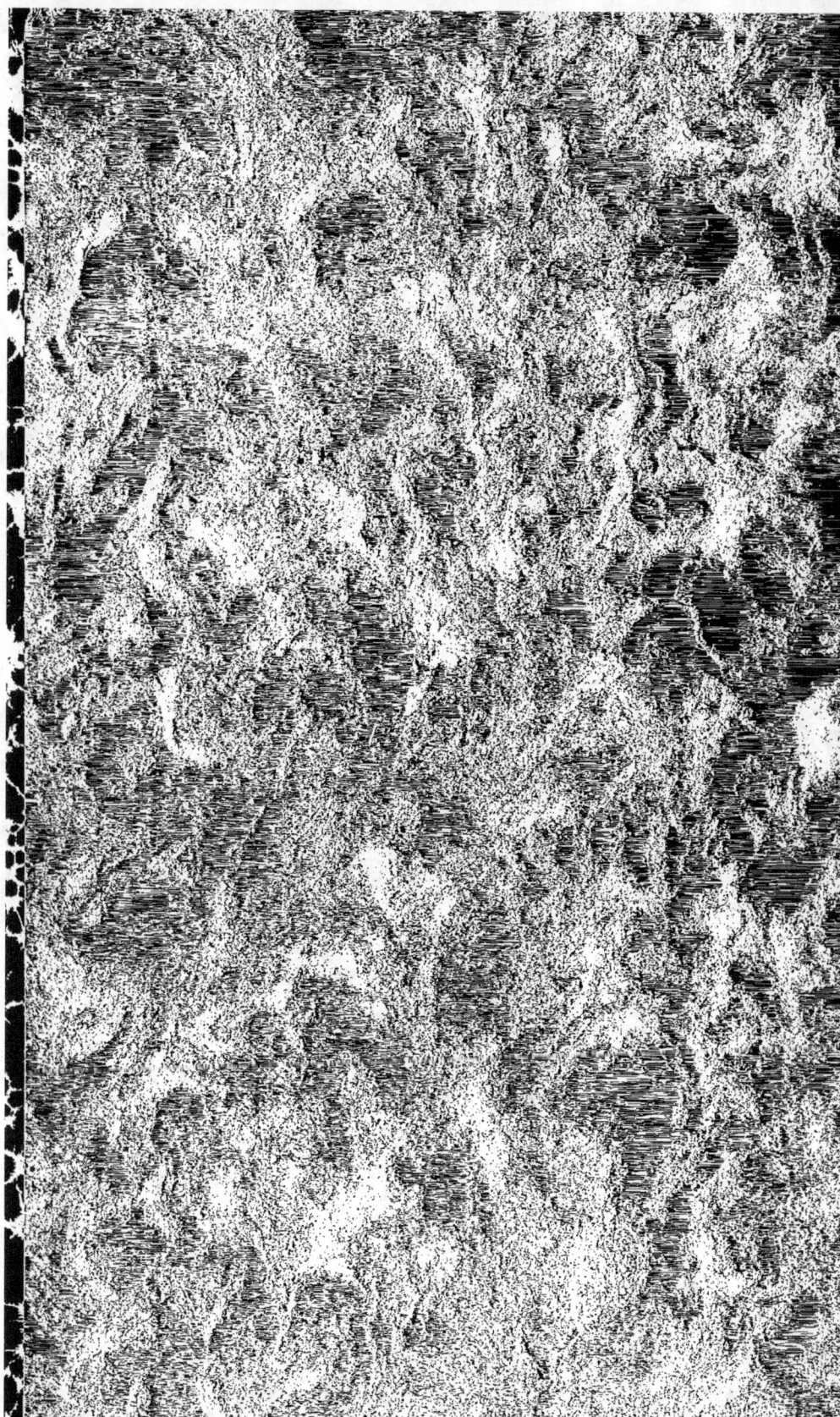

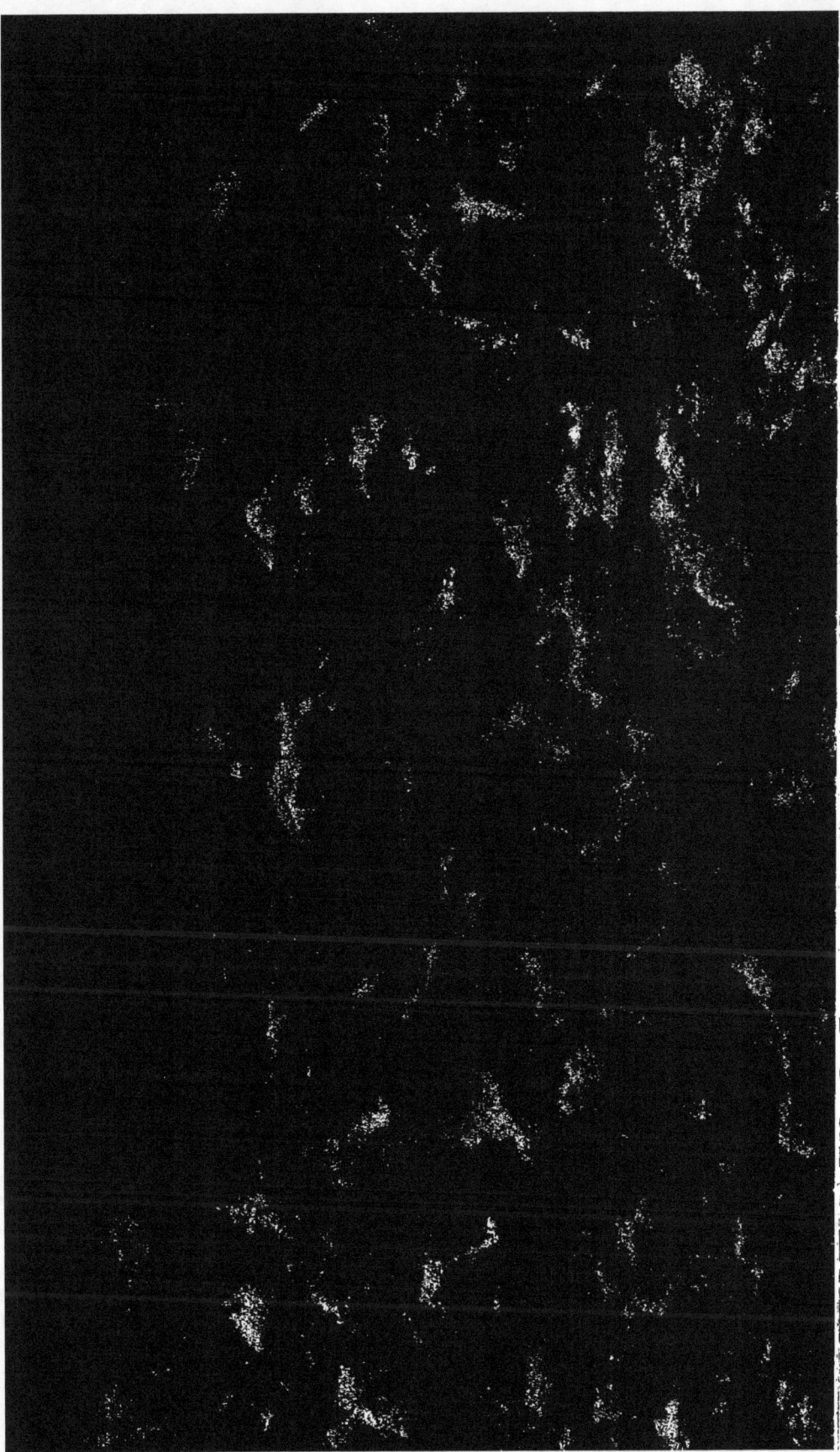

LES ARTISTES
CONTEMPORAINS.

IMPRIMERIE ET FONDERIE DE A. PINARD,
QUAI VOLTAIRE, n° 15.

LES
ARTISTES
CONTEMPORAINS.

SALON DE 1833.

PAR M. CH. LENORMANT.

Tome Deuxième.

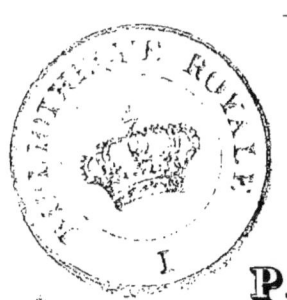

PARIS.

ALEXANDRE MESNIER,
23, RUE LOUIS-LE-GRAND.

1833.

LES ARTISTES CONTEMPORAINS.

CHAPITRE PREMIER.

Salon de 1833. — Introduction.

Dix-huit mois se sont écoulés depuis la clôture du dernier salon. On se rappelle avec quelle insistance les artistes demandaient alors que les expositions fussent désormais annuelles : leurs vœux ont été en partie réalisés; car c'est la première fois qu'un salon se trouve aussi rapproché du précédent. Si l'on s'en tenait à la lettre de la promesse faite aux artistes il y a dix-huit mois, et renouvelée plusieurs fois depuis cette époque, la nouvelle exposition ne devrait durer que deux mois, et au premier avril de l'an prochain on aurait à rouvrir les portes du Louvre. Nous avons approuvé, dans le temps, le projet d'exposition annuelle, et il ne nous semble pas que nous devions aujourd'hui changer d'opinion. Les talens reconnus ne peuvent rien perdre à ce nouvel usage, et les talens qui se forment doivent y gagner beaucoup. C'est un avantage inappréciable pour un jeune homme qui s'est vu trompé dans ses espérances de succès, de pouvoir se dire : l'an prochain je prendrai ma revanche. Il n'en est pas de même quand il faut attendre deux et quelquefois trois ans. Je pense aussi, sauf erreur, que les expositions à retours éloignés ont quelque chose de pompeux qui nuit à la marche paisible et progressive de l'art : il vaut mieux, et pour les artistes et pour le public, que l'engoûment passager auquel les expositions donnent lieu, se change en une préoccupation plus calme mais constante des arts : on peut souhaiter qu'en regard de cette foule d'hommes qui pratiquent constamment la peinture, se forme un autre monde d'amateurs qui les fasse vivre autrement que de louanges ; et ces habitudes précieuses seront le résultat d'expositions fréquentes dans lesquelles les amateurs seront presque continuellement mis en rapport avec les artistes.

Mais pour que le salon annuel soit chose possible, il est une condition formelle, indispensable : c'est que les portes du Louvre, une fois fermées aux exposans, ne se rouvrent sous aucun prétexte que ce soit; c'est que nous ne voyions plus, comme par le passé, une seconde et une troisième exposition succéder à la première. Le salon annuel, songez-y bien, interdira toujours l'étude des anciens pendant au moins quatre mois : un mois pour préparer l'exposition, deux mois pour la faire, un quatrième pour tout remettre en état, c'est là le temps rigoureusement nécessaire. Or, on ne peut nier que ce ne soit déjà quelque chose de très fâcheux, que cette clôture de la grande galerie pendant un tiers de l'année : il faudrait un optimisme bien imperturbable pour ne pas craindre que ces déplacemens perpétuels, avec la poussière et le trouble sans lesquels on ne peut les exécuter, ne produisissent à la longue un effet pernicieux sur les chefs-d'œuvre de notre Musée. Que serait-ce si le salon se prolongeait au delà de deux mois, et si l'emprisonnement des vieux tableaux durait six mois sur douze? Autant vaudrait les rouler et les conserver dans les greniers du Louvre.

La question est donc là aujourd'hui tout entière : ou l'administration approuve les expositions annuelles, et alors elle n'accordera à aucune puissance, à aucune renommée le droit d'enfreindre la consigne; ou les salons bisannuels lui conviennent davantage, et, dans ce cas, nous verrons encore le second et le troisième flot se répandre dans le Louvre, et adieu les expositions annuelles ! Quant à nous, notre conviction n'est pas d'une nature telle que nous prétendions l'imposer à tout le monde ; mais on conviendra que si l'administration n'a pas pris sérieusement son parti, l'ouverture du nouveau salon est beaucoup trop rapprochée de la clôture du précédent. Le seul résultat de cette anticipation aura été d'augmenter la production au delà de toute espèce de mesure.

Et en effet, il faudra que les artistes sachent bien à quoi s'en tenir pour que l'approche d'un nouveau salon ne développe pas chez eux cette fièvre de travail qu'elle a coutume d'y produire. Chacun veut arriver, nul ne veut manquer à l'appel. On prendra bien mieux son parti sur ce faible désagrément, quand la compensation en sera proche, et surtout lorsque quelques uns auront appris à leurs dépens qu'il ne suffit pas de se presser pour arriver à temps.

Au reste, gardons-nous d'être surpris du nombre prodigieux de tableaux présentés au jury de cette année. Ordinairement, et quand les expositions sont séparées par de longs intervalles, les artistes les plus féconds, tels que les peintres de genre, les paysagistes et les portraitistes, ne réservent pour le salon qu'un choix de leurs ouvrages : beaucoup de productions passent dans le commerce, à l'étranger, en province, ou s'ensevelissent même dans les triomphes et les joies de famille. Ici nous aurons, et sans exception aucune, tout ce qu'on aura produit depuis un an. Cela soit dit sans parler de l'ivresse factice qui augmente sans cesse dans notre société le nombre des artistes, hors de toute proportion avec les besoins et surtout avec les facultés.

Le nombre des tableaux présentés nous amène à l'examen d'une question sur laquelle on ne finit pas de disputer, faute, je crois, de se placer sur un bon terrain pour la résoudre : je veux dire l'existence du jury d'admission, ses attributions, et l'usage qu'il en fait. Nous avons déjà traité cette question précédemment, alors que la révolution de juillet nous avait fait, en quelque sorte, table rase. Nous raisonnions dans l'hypothèse d'une séparation absolue du Louvre d'avec les dotations de la liste civile. Nous voulions que ce beau monument, et les collections qu'il renferme, si rudement éprouvées dans nos discordes civiles, fussent rendus à la nation; qu'on les plaçât sous la sauvegarde de son honneur et de sa gloire; que le peuple eût au Louvre, et sans aucun mélange, le sentiment qu'il était chez lui. Vous souvenez-vous que cette manière de voir ait fait fortune auprès de quelque grave personnage ? Je ne m'en suis pas aperçu, quant à moi : tout ce que je sais, c'est que le Louvre est resté château royal avec gouverneur et tout ce qui s'ensuit, comme du temps de Philippe-Auguste ; c'est que la fiction qui inféode au roi, le règne durant, les objets d'art, propriété de la nation, a été respectée comme une invention merveilleuse; c'est que tout cela, si peu raisonnable qu'on le suppose, si contraire à notre constitution actuelle, si peu respectueux même pour la personne du Roi, qu'on force d'administrer lui-même les arts, sans qu'on interpose entre la plainte et lui la responsabilité d'un agent, c'est que tout cela fait partie de la loi sur la liste civile, votée, promulguée, insérée au *Bulletin des lois*, et à laquelle nous devons désormais respect comme à la raison écrite.

Ce qui en résulte, c'est que plus que jamais

le Roi est chez lui dans le Louvre, et qu'il doit y être le maître. Vous ne vous arrangez pas de cette prétention, toute fondée qu'elle soit ; vous souhaitez une exposition générale où l'on arrive librement, où tout se règle par délibérations constitutionnelles ou républicaines : je n'y vois pas grand inconvénient, pour ce qui me concerne ; mais avez-vous à votre disposition un autre local que le Louvre ? En savez-vous un surtout que le public accepte en échange ? Vous avez vu les exhibitions Colbert, du Gros-Chenet, et vous ne croyez plus que nous soyons si prêts à nous dépouiller de nos vieilles habitudes. Allons, fier Sicambre, courbe ta tête, demande au guichetier du Louvre la faveur de passer ce seuil féodal, et surtout persuade-toi bien, une fois entré, que tu es chez quelqu'un qui se nomme le Roi.

Or, à présent que le droit du monarque n'est plus contesté par personne, il me semble que le monarque use de son droit avec un peu trop de bonté. Qui l'empêcherait, par exemple, de dire aux artistes assemblés : « Messieurs, je vous veux
« beaucoup de bien, mais je n'ai pas place pour
« tout le monde. Voyez, arrangez-vous, faites-
« vous petits, je n'ai qu'une superficie de tant de
« pieds carrés à votre disposition, il n'y tiendra

« pas plus de cinq cents tableaux. Or, comme je
« veux que cette place appartienne aux plus di-
« gnes, j'ai prié quelques uns de mes amis et de
« mes privés conseillers de faire ce choix indis-
« pensable. Messieurs, adressez-vous au jury que
« j'ai nommé, il vous fera bonne justice. » Je ne
sais vraiment ce qu'on pourrait répliquer à des
paroles aussi fondées en droit, en loi et en toute
sorte de principe. Quelques uns peut-être voudraient exposer dans la rue, mais je ne suis pas
sûr que M. Gisquet y consentît.

Toutefois, le père de famille n'a pas rechigné
sur le nombre des conviés; il a envoyé ses servi-
teurs dans les places et les carrefours; il est prêt
à revêtir le plus souffreteux de la tunique blanche.
Seulement comme il n'a pas, malgré sa bonne
volonté, de place pour tout le monde; comme il
y a des considérations de morale, de bon ordre,
et aussi de respect pour le public, qui l'empêchent
de pousser l'hospitalité jusqu'à ses derniers ter-
mes, il a prié l'académie des beaux-arts de le
remplacer dans ce triage désagréable : et cela il
l'a fait, croyez-moi, encore plus pour donner
une marque de confiance à un corps honorable,
que pour se débarrasser d'une pénible commission. Or, que devait faire l'académie des beaux-arts

en pareille occurrence? Fallait-il accepter l'offre du monarque avec reconnaissance et soumission? Je suis de ceux qui ne le pensent pas. On conçoit, à toute force, que l'institut soit investi d'une autorité semblable dans une exposition libre et générale : mais du droit d'admettre résulte celui de placer et de décerner les récompenses : or c'est ce que l'institut ne fait pas, et ne peut pas faire au Louvre. Il en résulte que ce corps se trouve aujourd'hui dans une position fausse, dont au reste plusieurs de ses membres se sont déjà aperçus, et dont je suis convaincu qu'il sortira volontairement tôt ou tard.

L'institut n'a que faire chez le Roi, que de lui souhaiter sa fête ou la bonne année; chacun des membres de l'académie peut accepter individuellement telle mission ou commission que le Roi voudra lui confier; mais le corps ne peut, sans se compromettre, agir hors des attributions que la loi lui a données. Je trouve tout simple qu'on nomme un jury d'admission au Louvre; mais ce jury ne regarde en rien le public. Il ne peut y avoir au Louvre que le Roi et les agens qui exécutent immédiatement ses ordres.

Pour me résumer, je crois que les expositions annuelles sont destinées à produire quelque bien;

mais pour que ces expositions soient possibles, le terme du salon doit être invariable, la clôture des portes aux retardataires sans rémission, le jury impitoyable. Toutefois, ces observations et toutes celles auxquelles l'exposition donnera lieu ne peuvent être présentées que sous forme de souhait ou d'humbles remontrances. Si le public avait un droit sur les expositions du Louvre, ce droit aurait dû être constaté dans la loi de la liste civile. Or, dans le silence absolu de cette loi à l'égard des intérêts de l'art et des artistes, s'il plaisait à un autre roi que le nôtre de faire placer les Raphaël dans sa chambre à coucher, et de leur substituer dans la galerie du Louvre le musée de M. Barde, avec ses dix mille patrons d'habit taillés suivant les principes du *dossomètre* et de l'*épaulimètre*, force nous serait d'accepter l'échange et d'attendre un nouveau règne pour demander par pétition un amendement à la loi de la liste civile.

Ce matin 1er mars les portes du Louvre ont été ouvertes à dix heures et demie. La foule, qui s'entassait dans le grand salon, demandait avec instance qu'on la laissât pénétrer dans la galerie où les ouvriers travaillaient encore; enfin, après des cris quelque peu tumultueux, la totalité de l'exposition a été livrée à l'impatience des amateurs. Nous disons la totalité, et encore il manque à l'extrémité de la galerie toute une division dans laquelle les tableaux sont empilés par terre. Cette fois, il n'est permis à aucun des vieux maîtres de montrer le bout de son nez. La travée de l'école italienne est envahie par les aquarelles et les dessins à la sépia. M. Siméon Fort nous console de *la Joconde*, M. Hubert étouffe *le Titien*. Le reste, c'est-à-dire la galerie, moins une travée, le salon et la première pièce sont occupés par la peinture. Les gravures remplissent comme par le passé le couloir de la galerie d'Apollon : l'architecture n'a pas encore de place connue; la sculpture grelotte dans son local accoutumé. Le 6, on ouvrira les salles du Louvre qui font face à la rivière : ces salles, décorées de plafonds nouveaux par MM. Alaux, Steuben, Eugène Devéria, Fragonard, Heim, Schnetz, Drolling, et Léon Cogniet, renferment la collection des dessins de maître dont le délabrement de la galerie d'Apollon a depuis si long-temps privé le public.

Nous n'avons jeté sur l'exposition qu'un coup d'œil très rapide, et nous ne nous flattons pas d'avoir en un moment deviné tout ce qu'elle renferme de remarquable; mais nous citerons quelques noms pour répondre à l'impatience que le public doit éprouver. Les tableaux de dévotion font retraite; on distingue encore *une Visitation* de M. Caminade et *une Charité* de M. Dassy. M. Orsel a exposé un tableau très singulier dans lequel il a cherché à reproduire quelques unes des idées familières aux maîtres du quatorzième siècle; ce tableau demande un sérieux examen. En sujets bibliques, nous n'avons distingué qu'*un Jeune Tobie* rendant la vue à son père, par M. Périn. Le moyen âge, le dix-huitième siècle et la révolution ont complétement remplacé l'antique; on distingue dans le grand salon la *Françoise de Rimini* de M. Colin, *l'Abjuration de Henri IV* par M. Rouget, le *Boissy d'Anglas* de M. Court.

Parmi les sujets romanesques et poétiques, il faut citer une *Marguerite à la messe*, production supérieure de M. Scheffer aîné, et un *Rêve d'amour* de M. Guichard, dans lequel le mérite de l'exécution compense le défaut de clarté et de naturel. Les paris sont ouverts pour savoir ce que M. Horace Vernet a voulu représenter dans sa *Rencontre de Raphaël et de Michel-Ange*. Le *chevalier Roze, dans la Peste de Marseille*, est une production estimable de M. Paul Guérin. M. Sigalon a déployé de la grace et de la finesse dans une *Scène anacréontique*. Les *Femmes à la fontaine* de M. Bodinier, les *Misères de la guerre* par M. Bremont, la *Jeanne d'Arc et les Florentins de Boccace*, par M. Saint-Evre, la *Lecture de la bible* par M. H. Scheffer; l'*Annonce de la victoire d'Hastembeck*, et *Mademoiselle de Montpensier à Orléans* par M. A. Johannot, sont des ouvrages distingués. Les artistes s'arrêtent de préférence devant les *Honneurs rendus au Titien après sa mort*, ouvrage de début de M. Alexandre Hesse, qui rappelle les plus belles pages vénitiennes.

Quant aux portraits, il suffit de dire qu'on en verra deux de M. Ingres, et sept de Madame de Mirbel : c'est incontestablement en peinture la partie la plus remarquable de l'exposition.

Dans le paysage, MM. Aligny, Corot, Giroux, Régnier, Gué, Jolivard, Paul Huet, et surtout MM. Delaberge et Rousseau, présentent un ensemble des plus satisfaisans : la marine est loin de donner les mêmes résultats, malgré les louables efforts de MM. Eugène Isabey et Lepoitevin.

M. Granet reproduit son *Rachat de captifs*, vu et admiré le jour de la clôture de l'exposition dernière. M. de Forbin a exposé un *Bazar souterrain du Caire* qu'on serait tenté de regarder comme son chef-d'œuvre. L'école *pluviale* a fait de grands progrès, grace à MM. Darche et Dauzats.

Somme toute, on voit que les habiles se sont réservé, comme à l'ordinaire, les coups de théâtre et les apparitions subites. Nous souhaitons de grand cœur, malgré notre amitié pour quelques uns d'entre eux, qu'ils soient attrapés une fois pour toutes.

Deux ouvrages très remarquables donnent un intérêt inaccoutumé à l'exposition de sculpture, ce sont deux *Pêcheurs napolitains*, l'un assis et en marbre par M. Rude, l'autre dansant et en bronze par M. Duret. On distingue comme un début plein d'espérance le groupe de M. Etex, représentant *Caïn et sa famille*. M. Pradier tâche de se faire pardonner ses statues de la chambre des députés avec un *Cyparisse* tout-à-fait digne de sa réputation. Il y a de M. Moine un buste en marbre qui est bien; deux autres de M. Chaponière qui sont mieux, un quatrième de M. David qui est excellent. *La France* modèle en plâtre, par M. Lequien, révèle dans l'école un talent demeuré inconnu jusqu'à ce jour.

Quant au reste de l'exposition, qu'on m'en dispense cette fois : c'est bien assez que d'avoir pu écrire ces pages, après avoir passé sous le feu de plus de 3,500 numéros.

CHAPITRE II.

MM. Alex. Hesse, Amiel, Guichard, Collin, Court.

Je ne me flatte pas de connaître encore le salon : forcé d'écrire sur-le-champ, j'ai dû concentrer toute mon attention sur un petit nombre d'ouvrages. On me pardonnera donc si, dans la récapitulation que j'ai hasardée des productions les plus remarquables, je me suis montré inexact et incomplet. En attendant que je puisse rendre justice à tout le monde, je réparerai néanmoins quelques omissions par trop graves. M. Louis Boulanger, l'auteur du *Mazeppa*, a fait, pour rentrer dans la voie de la nature et de la vérité, des efforts dont on lui tiendra compte. Son *Assassinat du duc d'Orléans* a bien la couleur convenable au sujet. M. Biard, de Lyon, a exposé plusieurs ouvrages remarquables par la vérité de la pantomime, et quelquefois par l'harmonie de l'ensemble. Le *Giotto* de M. Ziegler a des partisans décidés.

Les *Deux Religieuses* de M. Roger produisent un meilleur effet que sa *Révolution de Rome en 1793*. Ces deux tableaux toutefois dénotent dans leur auteur une volonté d'arriver au bien qui est déjà récompensée. L'*Episode de la vie de J. J. Rousseau*, par M. Roqueplan, quoique spirituellement composé, rappelle trop la manière de Casanova : je préfère de beaucoup une *Scène d'intérieur*, petit tableau qui réunit une vérité accomplie à une finesse exquise de pinceau. M. Decamps n'a exposé que des ouvrages peu importans, mais qui ne le font pas descendre du rang auquel il s'est élevé dans le dernier salon. M. Jeanron est peut-être un peu trop préoccupé de la peinture de M. Decamps : dans sa *Glaneuse* j'ai trouvé un fond original, et une tête que M. Decamps n'aurait peut-être pas faite. MM. Lessore et Harlé continuent de marcher dans une bonne route ; M. Tony Johannot, encouragé par les succès de son frère, s'est lancé dans la dimension, et n'a pas lieu de s'en repentir. Les *Petits paysans surpris par un loup*, de M. Grenier, attirent l'attention des amateurs de scènes simplement expressives ; la *Rentrée du viatique à Naples* est une production brillante et animée de M. Cotrau.

Nous craignons que M. Champmartin n'ait fait un léger retour sur lui-même; au moins le voyons-nous suivre avec persévérance un système auquel nous avons cru devoir reprocher quelque exagération. Nous examinerons avec soin les productions de l'homme qui seul aujourd'hui s'est élancé avec succès dans la route du portrait historique. Plusieurs élèves de M. Ingres, MM. Perlet, Poppleton, Jules Etex, et surtout M. Amaury Duval, ont envoyé des portraits qui témoignent de l'excellente direction de leurs études pittoresques. Nous citerons encore les portraits de MM. Decaisne, Magimel, Vauchelet, Bouchot, Schwiter, etc.... M. Cabat expose des paysages plus recommandables par la finesse du pinceau que par la vérité de l'imitation. Nous parlerons de MM. Turpin de Crissé, Giroux, Rémond, Leblanc, Smargiassi, etc...; mais, je le répète, je n'ai pas encore vu avec l'attention convenable plus de la moitié de l'exposition.

Le tableau dont on s'occupe le plus au salon, est celui de M. Alexandre Hesse; il mérite à beaucoup d'égards le succès qu'il obtient. Notre intention n'est pas de troubler la joie légitime que doit ressentir cet artiste; mais on ne fait pas si bien sans donner à la critique le droit de s'expli-

quer avec une entière franchise. D'abord, quel sujet M. Hesse a-t-il choisi? Le livret nous apprend que ce sont les honneurs funèbres rendus au Titien, mort à Venise pendant la peste de 1576. J'étais bien disposé à m'en rapporter au peintre, et pourtant j'avais peine à accorder cette pompe de soie et de velours avec les cadavres qu'on entasse confusément sur la place de Saint-Marc. C'est pourquoi j'ai consulté les sources auxquelles M. Hesse a dû puiser, et je lis dans Ridolfi, l'auteur classique pour l'histoire des peintres vénitiens : « En 1576, Titien mourut de la peste à
« 99 ans, et bien que les cérémonies funèbres
« fussent interdites pour tout le monde, on lui
« accorda les honneurs de la sépulture, et on
« l'ensevelit, avec les insignes de chevalier, dans
« l'église des *Frari*, au pied de l'autel du Crucifix,
« comme il l'avait ordonné de son vivant, de la
« manière la plus convenable que permissent les
« circonstances : car on ne pouvait alors déployer
« toute la pompe dont il était digne. » Ce qui veut dire, en mettant à part les ambages et le ton officiel de l'auteur italien, qu'on déroba à grand peine le cadavre du Titien à la fosse commune, qu'on passa une chaîne de cuivre et un baudrier sur son suaire, et qu'en présence de quelques

amis de l'art, un prêtre pâle bénit à la hâte une fosse creusée dans le coin obscur d'une église.

Maintenant, je vous le demande, que devient le sujet de M. Hesse, et qu'ont à faire avec la vérité historique les robes de sénateur, les guerriers, les femmes, les moines de toute couleur, l'évêque tout chamarré d'or et de pierreries? M. Hesse a voulu agir à la vénitienne : il a trouvé chez Paul Véronèse et le Tintoret une absence presque complète de philosophie dans la composition, et il s'est laissé aller à la pente de ses modèles. Je ne veux pas plus qu'un autre insister sur le pédantisme de la composition; mais enfin nous sommes du pays qui a produit Poussin et Lesueur, et je ne vois pas que jusqu'ici personne en France ait réussi à s'aventurer sur les traces des magiciens de Venise et de la Flandre. Un homme habile comme M. Devéria exécute un pastiche séduisant ; mais il faut que l'organisation des Français manque de cet élan, de cette fantaisie abondante qui se joue des formes et de la lumière, et fascine, quoi qu'il en ait, le regard du spectateur. Et puis, quand Paul Veronèse se livre ainsi à l'exubérance de sa pensée, c'est que le sujet qu'il traite manque d'ailleurs de passion et d'intérêt; jamais il n'oublie d'émouvoir à propos, témoin la *Famille de Darius* du palais Pisani, dans laquelle les perroquets, les singes et les nains n'empêchent pas que le sujet ne soit écrit avec une simplicité admirable. Chez M. Hesse au contraire nous trouvons une suite d'épisodes sans liaison et sans rapport avec le sujet principal. Que veut dire, par exemple, cet homme cuirassé, qui porte la litière funèbre? Dans quel pays s'est-on armé pour aller à un enterrement? Cette femme aux cheveux épars qui pleure sur l'épaule de son ami, est ravissante d'ajustement et de couleur; mais est-ce qu'on pleure aux funérailles d'un vieillard de 99 ans, et pendant la peste encore? Il n'est presque aucun détail qui ne trahisse le défaut de la pensée première.

Je reprocherai aussi à l'architecture un manque choquant de perspective, au ciel de la pesanteur, au tableau tout entier un défaut d'harmonie générale, de l'incorrection à certaines figures, particulièrement au cadavre de femme que l'on jette sur le devant. Mais qui s'aviserait de chercher tellement querelle à un ouvrage médiocre? Or, j'en conviens de grand cœur, le tableau de M. Hesse ne l'est pas. On y trouve telle tête, tel détail de vêtement auquel les peintres modernes ne nous ont pas accoutumés. C'est incontestablement une des meilleures productions de l'école actuelle; peut-être un pastiche, mais le meilleur pastiche que nous ayons rencontré. Après un succès aussi éclatant, M. Hesse, jeune comme il est, et avec la carrière magnifique qui s'ouvre devant lui, M. Hesse ne se croira pas arrivé. Quand on a si bien joué le Bonifazio, on doit sentir le besoin d'être soi-même; le tableau que nous avons sous les yeux est comme le complément des études de M. Hesse; il faut maintenant qu'il travaille, afin d'en profiter pour le compte de ses propres idées.

Le dirai-je? Il est un début dont je suis presque plus satisfait que de celui de M. Hesse : c'est le début de M. Amiel. Ici le sujet est clairement écrit, les détails pleins d'une grace et d'une animation qui appartiennent bien à l'auteur. M. Amiel a pris pour thème de composition la fable du vieillard et de ses trois enfans; le moment choisi est celui où le père mourant indique à son plus jeune fils l'épreuve de la baguette et du faisceau; cette dernière figure respire à la fois l'intelligence et la naïveté; le mouvement en est aussi juste que l'expression en est vraie. J'aurais bien des fautes d'inexpérience à relever dans le reste du tableau; mais là au moins nous trouvons à constater un pas qui en annonce un autre. Je serais bien étonné si les progrès de M. Amiel se faisaient attendre long-temps.

M. Guichard avait exposé, il y a deux ans, des portraits calqués sur la manière de M. Ingres, si ce n'est que la touche en était lourde et le ton plus gris, plus froid et plus mat qu'il n'appartient à un imitateur incomplet de M. Ingres. Mais depuis cette époque il s'est opéré une révolution dans la manière de M. Guichard : ce jeune peintre semble avoir fait de sérieuses études sur la couleur, à laquelle son organisation le conduit plus directement qu'aux finesses du dessin. L'étude de femme nue qui occupe le milieu de son tableau, les fleurs, les draperies, les parures qui l'entourent, tout cela forme un ensemble séduisant, quoique un peu fade et rose. L'habileté de M. Guichard est maintenant hors de doute; elle éclate dans toute la conduite de son tableau, et donne un intérêt soutenu aux groupes de petites figures qu'il nous montre se jouant dans les nuages. Au reste, que ceux de mes lecteurs qui cherchent dans une peinture je ne dis pas un intérêt passionné, mais au moins de la raison, ne s'attendent pas à trouver chez M. Guichard une jouissance autre que celle de l'art pur.

Nous étions l'autre jour quatre personnes devant le *Rêve d'amour* de M. Guichard. Deux d'entre nous avaient vu le tableau dans l'atelier du peintre, un troisième s'en était fait expliquer par lui le sujet, et à nous quatre nous n'avons pu arriver à une conclusion. Pour l'un, c'était don Juan et Haydée avec Lambro, le trouble-fête; pour le second, l'homme rêvait; pour le troisième, c'était la femme. Nous avons fini par croire que tout le monde rêvait dans cet ouvrage, le peintre le premier : au moins est-il constant que tous les yeux sont fermés, ceux du jeune homme, ceux de la femme, ceux mêmes du grand jaloux de Turc qui porte la main sur son poignard; le jeune homme à mince casquette, à barbe pointue, à pantalon rouge, à mains pendantes, à col tortillé, à formes accusées, quoique peu correctes, rêve qu'il est l'amant préféré d'une jeune femme, pas trop belle, pas trop bien faite, un peu calquée sur la *Psyché* de M. Picot, mais fine de ton et dormant avec grace; la jeune femme rêve bijoux, fleurs et cachemires; le Turc rêve qu'il surprend son odalisque en tête-à-tête avec un *jeune-france*. De rêve en rêve on monte jusqu'au sommet du tableau, dans lequel s'enfoncent les derniers groupes de *jeunes-frances* et de danseuses. Te voilà-t-il pas bien avancé, ami lecteur? au moins, si tu ne me comprends guère, t'aurai-je donné l'envie d'étudier toi-même l'énigme de M. Guichard. C'est un moyen comme un autre que M. Guichard a pris pour qu'on s'occupât de sa peinture; et je conviens qu'elle en vaut la peine.

Je voudrais vous parler avec détails d'un tableau de M. Collin, dans lequel cet artiste paraît avoir déployé un talent distingué : mais je dis à dessein qu'il *paraît*, et je ne m'aventure pas au delà; car le sentiment, l'expression et toutes les qualités que M. Collin a cherchées ont besoin d'être étudiées de près, et la dimension gigantesque de ce tableau l'a relégué à plus de trente pieds de l'œil du spectateur. S'il m'était permis de hasarder un avis sur l'ensemble de cette production, je dirais que le choix du sujet me paraît peu en rapport avec la dimension de l'ouvrage. L'art du Dante peut bien nous faire comprendre Françoise de Rimini et son amant tourbillonnant en l'air avec les autres couples victimes de l'amour, mais l'œil se prête difficilement à la réalisation d'une semblable donnée, et plus cette réalisation occupe d'espace, plus le spectateur éprouve de répugnance à accepter la supposition. J'ai entendu dire que tous ces groupes tournoyans dans ce tableau ressemblaient à un cadran d'horloge; c'est avouer que l'artiste a bien rendu la pensée du Dante. Mais cette pensée est-elle pittoresque? Ce que je connais du talent de M. Collin, comparé à son tableau, me donne quelque hésitation à répondre.

J'éprouve moins d'embarras à condamner M. Court. Je n'ai pas de peine à me figurer que le *Boissy-d'Anglas* renferme des détails d'exécution dignes de l'auteur de la *Mort de César*, détails que la distance nous empêche de bien saisir. Mais il n'en faut pas plus que ce qu'on voit pour se convaincre que l'effet de ce grand tableau n'est pas heureux, que le dessin des principales figures manque de finesse et de correction, que M. Court enfin a moins bien réussi que son esquisse ne le faisait espérer. Cette esquisse, que nous avons vue au concours des tableaux de la chambre des députés, et qui semblait d'abord mieux plaire au public qu'elle n'a ensuite convenu aux juges, cette esquisse rachetait le manque d'harmonie par je ne sais quoi de ferme et d'accentué qui a disparu du tableau. M. Court a voulu reculer dans l'air son Boissy-d'Anglas, donner de la légèreté aux carnations des femmes assises un peu au dessous du président; mais en même temps il a laissé les duretés sur les premiers plans. C'est à la fois du repentir et de l'obstination; or on ne fait pas impunément une cotte mal taillée entre le diable et les anges. Ces défauts sauteraient moins à l'œil si la figure principale était mieux réussie : mais il faut convenir que M. Court a été rarement plus malheureux que dans cette figure. Un contour rond et lourd en détruit toute la noblesse ; et puis je ne connais rien qui, dans un sujet aussi terrible que celui de la mort de Féraud, glace plus le spectateur que les gesticulations des témoins de la scène. Quel effet M. Court n'aurait-il pas produit, si à l'action violente de la populace il avait opposé l'immobilité de terreur dont les députés devaient être frappés ? L'effet de la poussière soulevée par la foule est bien exprimé dans le fond du tableau à gauche : mais cet effet rend moins explicable encore la crudité des premiers plans. Somme toute, ce serait une erreur pour tout artiste que ce tableau : c'en est une capitale pour un homme qui s'est annoncé d'une manière aussi éclatante que M. Court.

Certes, dans la manière tant soit peu froide avec laquelle le public autre que celui des artistes avait accueilli dans le temps la *Mort de César*, il y avait un avertissement dont M. Court aurait dû profiter. Avec un talent fort, mais un peu rude, quelque chose de cette organisation normande qui a produit Corneille et le Poussin, c'était à lui à craindre de se commettre avec le monde frivole qui ne pouvait le comprendre. Mais M. Court n'avait pas encore fait le *Cid* qu'il commençait *Pertharite*. Au lieu de retourner dans cette Italie qui l'avait si bien inspiré deux ou trois fois, il cherchait à se donner le plus de grace, le plus de gentillesse possible ; il voulait se faire bien venir des dames et se créer des succès de ruelles. Mal en a pris à M. Court ; ses portraits ne plairont jamais à un certain monde comme ceux de M. Dubufe, et ses tableaux ont cessé de recueillir les applaudissemens des artistes.

Nous regrettons d'être obligés de tenir un pareil langage envers un peintre dont le caractère mérite les plus grands égards. Mais s'il y fait quelque attention, il y reconnaîtra le propos d'une admiration déçue, qui ne demande qu'à renaître. Pour qu'on se tût en présence du *Boissy-d'Anglas*, il faudrait croire l'avenir de M. Court à jamais compromis. Heureusement l'insuccès qui tue les ames faibles, ravive les fortes et les grandes. Qui sait si nous ne devrons pas un chef-d'œuvre aux critiques qui vont pleuvoir sur le *Boissy-d'Anglas?*

CHAPITRE III.

MM. Orsel, Broc, Scheffer aîné, Louis et Clément Boulanger.

Toutes les fois que les arts ont long-temps vécu chez un peuple, après que l'habitude, la satiété et le besoin d'innover ont produit tous les excès de la routine et de l'affectation, il se manifeste chez certains esprits un retour passionné vers les premiers essais de l'art : on sent le besoin de reculer jusqu'à la naïveté de l'ignorance pour retrouver quelque chose de naturel et de spontané. C'est ce besoin qui a produit chez les Grecs le goût archaïque, c'est-à-dire l'imitation des œuvres de l'art le plus ancien. A cette recherche nous devons quelques unes des plus charmantes productions de l'art antique, entr'autres *la Minerve de style éginétique* du musée de Naples.

Si M. Orsel n'avait prétendu faire que ce que les Grecs faisaient si souvent, s'il avait voulu nous donner une contre-épreuve exacte des peintures du quatorzième siècle, supposé que le calque eût réussi, nous n'aurions pu blâmer son entreprise;

car une imitation heureuse peut, à son rang, être considérée comme une bonne chose dans les arts. Mais l'ambition de M. Orsel ne s'est pas arrêtée à ce point : il a considéré les peintures du quatorzième siècle non comme des essais où la naïveté de certains détails compense l'imperfection de l'ensemble, mais comme des chefs-d'œuvre comparables à ce qu'ont produit d'éminent les époques réputées les plus grandes, supérieures même sous certains rapports à ce qu'on regarde comme le comble de l'art. Il a pensé (et en cela nous sommes bien près de partager sa manière de voir), il a pensé que l'art, en devenant plus souple, plus remué, plus hardi, plus divers, avait perdu de sa gravité, de son élévation morale, de son expression recueillie et profonde ; il a cru que pour retrouver quelque chose de ces grandes qualités, il ne fallait point copier l'extérieur et en quelque sorte singer la mise des maîtres anciens, mais repasser, s'il était possible, dans la voie qu'ils avaient suivie, se rendre compte de leurs procédés d'imitation et de composition, imprimer à leur exemple aux ouvrages de l'art un caractère intellectuel, et en faire jaillir une haute leçon. Mais depuis que ces maîtres ont produit leurs chefs-d'œuvre, l'horizon de l'imitation s'est agrandi : ce serait donc une folie et en quelque sorte un enfantillage que de rejeter l'expérience acquise, pour se refaire de gaîté de cœur maladroit et incomplet ainsi que les premiers maîtres. Le comble de l'art serait d'être instructif, profond, expressif comme Giotto, et à la fois savant, souple, abondant, amoureux comme le Dominiquin ; de se refaire une ame du Fiesole, et une main de Raphaël.

Telle doit être à peu près la théorie que M. Orsel s'est tracée, si nous en jugeons par le tableau remarquable qu'il a envoyé à l'exposition du Louvre. Ce tableau se divise en deux compositions principales, dont l'une occupe le centre de la toile, l'autre s'arrondit en cintre au dessus. Huit autres compositions plus petites dessinent au bas de la plus grande ce que les maîtres gothiques appelaient une *predella*, et remontent de chaque côté jusqu'au cintre, auquel elles se rejoignent dans la pensée de l'auteur. M. Orsel a voulu représenter le bien et le mal dans l'ordre des idées chrétiennes. Au milieu du tableau nous voyons deux jeunes filles assises dans une belle campagne ; la première, occupée d'une lecture pieuse, a devant elle un ange armé qui la couvre de son bouclier ; la seconde, vêtue avec plus de coquetterie, foule aux pieds le livre de la sagesse, et prête l'oreille aux conseils perfides qu'un démon lui verse à travers l'espèce de cor que nos pères appelaient *olifant*. Au dessous de cette scène nous retrouvons d'un côté la bonne fille recherchée en mariage par un chevalier respectueux, de l'autre la mauvaise fille enlevée par un séducteur sur la croupe de son cheval; et ainsi de suite : à gauche, la première devenant épouse et mère; la seconde, abandonnée, repoussée par ses parens, et, en fin de compte, se pendant à un arbre après avoir poignardé le malheureux fruit de ses amours.

Enfin, au sommet du tableau, le Christ est assis dans sa gloire pour séparer l'ivraie du bon grain; d'une main il accueille la prédestinée du paradis, qui lui est présentée par son ange gardien; de l'autre il repousse la fille maudite, que le démon, son acolyte fidèle, entraîne dans l'enfer. — D'où il suit que toute fille qui est sage et lit ses Heures, y gagne un bon mari, un joli enfant, et le paradis à la fin de ses jours; et que celle qui songe plus à la toilette qu'à l'office, finit irrémissiblement par se pendre et tuer son enfant, si elle en a. Cela n'arrive pas toujours, dira M. Orsel, mais cela devrait arriver. Telle est au moins la moralité tant soit peu brutale que M. Orsel prête aux peintres catholiques du quatorzième siècle, reproduits par notre contemporain avec une fidélité scrupuleuse dans le goût de leurs ornemens, dans les costumes de leur époque, et, autant que possible, quand on imite en même temps la nature, dans le caractère de leurs compositions.

Je pourrais bien chicaner M. Orsel sur le sujet même qu'il a choisi ; je ne connais d'aucun maître gothique une allégorie en l'air comme celle-ci, une représentation qui n'ait pas de fondement historique ou géographique. Peignent-ils le jugement dernier, c'est dans la vallée de Josaphat qu'ils transportent le spectateur ; descendent-ils dans l'enfer ou montent-ils au ciel, ils ont là toute prête la carte du voyage du Dante, les cercles souterrains, les murs de la cité de Dis, la montagne du purgatoire, les zones du firmament divisées en étapes par le sublime voyageur. Ici nous avons une campagne sans nom, une ville inconnue, des jeunes filles qui ne sont d'aucun pays. Je sais bien où trouver des allégories semblables, mais ce n'est pas dans les maîtres du Campo-Santo de Pise, c'est à Anvers, dans les officines des jésuites, parmi ces millions d'images ascétiques que les enfans de Loyola répandaient dans la chrétienté. On étudiera aussi les conséquences de la bonne et de la mauvaise éducation des filles dans les satires vivantes d'Hogarth; mais je ne pense pas que M. Orsel ait songé à rappeler le caricaturiste anglais par sa grave composition.

Au reste, ce n'est là qu'une observation extérieure, en quelque sorte. Ce qu'il importe de savoir, c'est si M. Orsel a bien rempli son thème, quel qu'il soit. Or, ici, nous devons reconnaître un mérite de composition, un bonheur d'expression, une conscience et une sûreté de méthode dont notre temps offre très peu d'exemples. La bonne fille est peut-être un peu trop jeune comparativement à la mauvaise : on peut craindre que quand elle aura grandi elle ne prenne un peu des idées de sa compagne. Mais en revanche la vicieuse (et voyez comme le mal conseille toujours mieux, quoi qu'on fasse), la vicieuse est aussi vraie de mouvement, aussi expressive de visage qu'il soit possible de le désirer. Le démon cornu est toujours une figure difficile à prendre au sérieux. L'ange a des formes pures et des traits charmans, quoique un peu froids : il y a de la variété, du mouvement, et surtout de la clarté dans les petites scènes d'encadrement. Mais là où le talent de M. Orsel s'élève à une grande hauteur, c'est dans le tableau du cintre. Le Christ a tout le caractère des mosaïques grecques, avec la correction d'une figure de Poussin. Les anges sont bien des anges, et le contraste du sort des deux femmes agit vivement sur l'imagination.

Nous recommanderons à M. Orsel de chercher de plus en plus d'élévation dans les têtes ; peut-être arrive-t-il quelquefois à ce peintre de prendre une certaine naïveté bourgeoise pour de la simplicité. Nous croyons aussi que M. Orsel, dégagé comme il l'est de l'imitation servile des maîtres anciens, ferait bien de donner à son modelé plus de relief et de force. Il ne nous appartient pas d'entrer dans l'examen des questions qui se rapportent à la pratique même de la peinture, mais nous ne pouvons dissimuler à M. Orsel une observation que nous a suggérée le résultat des procédés qu'il emploie : dans les anciens maîtres la peinture produit l'effet d'un tissu qui devient plus serré et plus brillant à proportion que l'étoffe est plus circonscrite ; chez notre contemporain le grain de la peinture est le même dans les petites que dans les grandes scènes, et généralement il manque un peu de finesse et d'éclat.

Enfin, pour conclure (car j'ai été long sur M. Orsel), je souhaiterais aux figures de ce peintre plus d'animation, plus de souplesse, en un mot plus d'amour; je voudrais qu'au moins un de ces anges ou l'une de ces jeunes filles empruntât à la grande toile de M. Broc (toile où nous trouvons trois figures qui se perdent dans le vide, un fond terne et sans vérité, un ciel plat, une composition obscure, une affectation d'allégorie fatigante); nous voudrions, dis-je, qu'il empruntât ce je ne sais quoi de charme inexplicable qui rachète tant d'imperfections, et fait que le regard, après avoir erré sur tout le reste du salon, se reporte involontairement sur l'ange en tunique jaune qui occupe la gauche du tableau de M. Broc.

Quoi qu'il en soit, voici M. Orsel haut placé dans l'école; c'est une justice qu'il a bien méritée et qui doit le consoler de travaux pénibles et d'une assez longue attente.

Ce n'est pas jusqu'ici le succès qui a manqué à M. Scheffer aîné; pour lui les trompettes de la renommée ont été embouchées de bonne heure; les gens de lettres l'ont porté, le monde lui a tout passé; et pourtant voilà M. Scheffer qui se repent, qui se gourmande, qui s'en veut de ses propres succès. Il s'impose pour pénitence un rude travail; il tente un genre de peinture absolument opposé à ses premiers ouvrages ; il se crée à lui-même des difficultés qu'il n'est pas bien sûr de vaincre. D'où vient cette conversion, et faut-il en faire honneur au progrès seul de la raison en matière d'art? Nous estimons trop l'esprit et le jugement de M. Scheffer, pour ne pas croire qu'il aura été le premier à s'apercevoir de la mauvaise route dans laquelle il s'était engagé.

Nul, en voyant les ouvrages même les plus imparfaits de M. Scheffer, ne refusera à cet artiste une organisation heureuse : doué d'un sentiment fin de couleur, et d'une facilité de composer remarquable, il possède par dessus tout le don de l'expression; sous ce dernier rapport, il ne connaît pas de rivaux. Si M. Scheffer n'avait point cherché de succès dans le genre historique, s'il s'était renfermé dans la voie hollandaise, à laquelle son organisation le portait directement, en concentrant sa pensée sur un seul point il serait arrivé, nous n'en doutons point, à une perfection inconnue dans notre école. Mais à l'époque où M. Scheffer est entré dans les arts, le préjugé des grandes pages n'était pas encore affaibli; on ne pouvait devenir un peintre célèbre qu'en produisant des ouvrages d'une dimension considérable. Si M. Scheffer avait eu dix ans de moins, je pense qu'il se serait contenté de la gloire de Terburg, sans aspirer à celle de M. Gros où de M. Guérin. Quoi qu'il en soit, M. Scheffer donna avec le corps des romantiques au salon de 1824 ; et, pour son malheur, le *Gaston de Foix*, rempli des qualités les plus distinguées, obtint un succès d'enthousiasme. A ce succès nous avons dû une suite d'ouvrages qu'un parti s'obstinait à soutenir, tandis que les véritables amis de M. Scheffer gémissaient de voir employer si mal un semblable talent. Toutefois M. Scheffer continuait de produire des tableaux de scènes familières, exécutés trop rapidement sans doute, mais supérieurement composés, et des portraits dans lesquels on retrouvait, plus que dans ceux des autres peintres de notre époque, l'esprit, les habitudes, l'individualité des modèles. Heureusement pour M. Scheffer qu'il s'est avoué la vérité à lui-même, avant que personne eût eu le courage de la lui dire. Il n'a pas renoncé à la peinture d'histoire (et, arrivé à ce point, je ne le lui aurais pas conseillé); mais il a voulu devenir un peintre d'histoire sérieux et solide. La *Marguerite à la messe* est le premier résultat de cette résolution sévère : on reprochait au maître de l'indécision, de la négligence, de la monotonie dans les formes et les airs de tête : il a pris pour type les maîtres allemands dans lesquels la forme est la plus précise, l'exécution la plus soignée, le caractère des figures le plus varié suivant le sexe et l'âge : mais, en homme habile, il a choisi un de ces sujets calmes, sans emphase et sans oppositions théâtrales, dans lesquels un artiste dépourvu du don de l'expression aurait immanquablement échoué. De ce côté, M. Scheffer marchait avec assurance ; il savait bien qu'il écrirait nettement sa pensée, quelque difficulté qu'elle opposât au langage de la peinture.

Jusqu'ici tous les peintres qui ont traité le sujet de *Marguerite à la messe*, n'ont pas manqué de placer auprès d'elle la figure du démon qui lui souffle le désespoir. M. Scheffer a hardiment supprimé cette figure ; il s'est fié à son talent pour peindre dans les traits seuls de Marguerite l'influence du mauvais esprit. La composition est disposée d'une manière oblique ; dans le fond à gauche, le prêtre est tout entier au service divin qu'il accomplit ; différentes personnes, femmes, hommes et enfans, prennent part avec recueillement à la cérémonie. Marguerite est tombée sans force sur le banc près duquel elle était agenouillée; aucun des assistans ne prend part à la torture morale qu'elle éprouve ; on voit qu'elle succombe sous une force inconnue, d'autant plus effrayante qu'on ne la devine que par ses effets. Cette figure est tout ce qu'elle peut être, sortie du pinceau de M. Scheffer, un chef-d'œuvre d'expression; la peinture en est belle, claire et serrée, la bouche seule n'est pas assez grande et manque de correction. A côté de Marguerite est une jeune fille d'une simplicité et d'une piété ravissante; la tête que je préfèrerais peut-être comme faire, est celle d'une vieille en coiffe noire, à la droite du spectateur : il me semble que Holbein ne l'aurait pas désavouée. Quelques figures sentent encore un peu l'ancienne peinture jaune et sans saillie de M. Scheffer : on dirait de l'ensemble du tableau comme d'une chambre dans laquelle s'élèverait une fumée inégale qui cacherait certains visages et laisserait voir les autres dans toute leur pureté. Mais, nous n'en doutons pas, M. Scheffer sortira à son honneur du défilé dans lequel il s'est engagé ; son tableau, tout chancelant qu'il paraisse sous certains rapports, n'en est pas moins un ouvrage que personne, autre que M. Scheffer, ne serait en état de produire.

Nous retrouverons ce peintre avec toutes ses qualités, et quelque chose de plus s'il est possible, quand nous parlerons des portraitistes.

J'ai à signaler une seconde conversion, moins importante pour le moment que celle de M. Scheffer, mais qui portera peut-être de beaux fruits dans l'avenir. A travers le tumulte des louanges déraisonnables qui l'ont moins respecté que tout autre, M. Louis Boulanger a fini par s'apercevoir que la peinture sans imitation n'était pas de la peinture : lui aussi, il a brûlé ses vaisseaux, et a renoncé aux priviléges de l'extravagance et de la fausse inspiration. Tant que M. Louis Boulanger a paru prêter l'oreille à des conseils funestes à son talent, nous avons dû nous taire ; mais les efforts dont le tableau de M. Boulanger témoigne, le rendent digne à présent d'entendre la vérité. Je ne lui dissimulerai donc pas que, dans mon opinion, il a perdu quelques unes des plus belles années de la vie, et que peut-être il vaudrait mieux pour lui s'être tenu tranquille depuis son *Mazeppa* que d'avoir fait ce qu'il a fait. Mais M. Boulanger est encore à l'âge où, avec une volonté forte, on rachète le mauvais emploi du temps passé.

L'*Assassinat du duc d'Orléans* est un tableau

bien·disposé, heureux d'effet, et qui agirait plus fortement sur l'ame, si la figure principale avait l'expression convenable. Les costumes de l'époque sont imités sans affectation et disposés avec goût; nous ne retrouvons plus les lazzis sur les cottes carrées et les bonnets pointus, ni l'affectation désolante qui dépare presque toutes les imitations modernes du moyen âge. La nature est vue sans pauvreté, et le modelé de la tête du jeune homme renversé sous le personnage principal mérite des éloges.

C'est dans les aquarelles surtout que M. Boulanger paraît s'être émancipé de ses habitudes passées. On y trouve plus de fini que de correction; mais le sentiment, et un sentiment juste et vrai, les distingue presque toutes. Dans les premières compositions tirées de *Notre-Dame de Paris*, M. Boulanger sacrifie encore à l'abominable religion du laid; dans les dernières, et surtout celle où la Sachette est représentée défendant sa fille, il a trouvé à la fois de la beauté et de l'expression. Le sujet tiré de *Béatrix Cenci* est une production qui rappelle les maîtres florentins. Je préfère peut-être Lancelot et Iseult : c'est tout le sentiment du moyen âge avec la correction que nous demandons à un contemporain ; ce n'est pas seulement bien; dans son genre, c'est admirable.

L'homonymie est chose fâcheuse en ce monde; quand on connaît deux hommes qui portent le même nom, on trouve commode de faire de l'un le bon et de l'autre le mauvais. Je serais fâché que cette malheureuse coïncidence de noms empêchât de rendre justice au mérite de M. Clément Boulanger. La procession du *corpus Domini* n'est pas une production destinée à être vue de près, ni qui soutienne un examen rigoureux; mais la vivacité du ton, l'art de faire saillir les figures en pleine lumière, la gaîté de l'aspect, si je puis m'exprimer ainsi, signalent M. Clément Boulanger comme un peintre destiné à traiter remarquablement bien le genre de la décoration. Nul ne me semble plus propre que lui à réussir dans ces pages immenses qui ne doivent pas survivre à la fête pour laquelle on les exécute, mais qui demandent avant tout de la promptitude, de l'abondance et de l'éclat. Il serait grandement à désirer qu'on fournît à M. Clément Boulanger l'occasion de se distinguer dans un genre qui malheureusement a été livré jusqu'à ce jour au monopole.

CHAPITRE IV.

Les nouvelles salles. — MM. Alaux, E. Deveria, Schnetz, Heim, Droling.

Le Musée auquel appartiennent les nouvelles salles qui viennent d'être ouvertes au public, a été commencé sous la restauration. Sous l'empire il n'était encore question que de faire du Louvre une seconde habitation du souverain, une succursale des Tuileries. Les mêmes idées persistèrent sous les Bourbons : ce ne fut que sous l'administration de M. le vicomte de La Rochefoucauld, qu'on pensa enfin à compléter le Musée royal, et à profiter des salles du Louvre pour y étaler de nouvelles richesses. M. de La Rochefoucauld fit acquérir, sur la proposition de M. le comte de Forbin, la célèbre collection Durand. Dans cette collection se trouvaient des vases, des bronzes, des peintures antiques, des émaux et des faïences du moyen âge. M. le duc de Doudeauville traita de son côté avec M. Salt, consul anglais au Caire, de sa collection égyptienne. Peu de temps après on profita d'une circonstance favorable pour conquérir les objets les plus précieux de la collection de M. Drovetti, restée entre les mains de ce diplomate après qu'il eut cédé au gouvernement sarde la majeure partie de ses richesses. M. Champollion voyagea en Egypte ; et en outre des matériaux inestimables qu'il rapporta de ses explorations, il forma, avec les fonds qui lui étaient alloués, une nouvelle collection égyptienne qui complétait les deux précédentes. Cependant on avait acheté le cabinet de M. Révoil, peintre de Lyon, cabinet dans lequel se trouvaient rassemblés les échantillons les plus rares et les plus fins de ce que le moyen âge et la renaissance ont produit en fait de meubles, d'émaux, de sculptures en bois et en ivoire. Tous ces monumens, réunis à ceux que le Musée possédait déjà, dotaient la France d'une collection qui lui manquait, ou qu'elle ne possédait qu'imparfaitement à la bibliothèque royale : celle des vases, bronzes et terres cuites antiques, des antiquités égyptiennes, des productions variées du moyen âge. Comme la majeure partie des mesures qui assuraient la création du nouveau Musée avaient été prises sous le règne de Charles X, le nom de ce roi fut attaché à la partie du Louvre dans laquelle ces collections devaient être rangées. Si l'histoire est juste, ce nom lui restera.

Cependant on avait profité de cet heureux envahissement du Louvre, pour donner enfin aux travaux des peintres une destination fixe, pour assigner une place à chaque ouvrage. C'est là une idée qui paraît si simple qu'on répugne à faire un mérite à qui que ce soit de l'avoir conçue. Mais on ne se doute pas aujourd'hui des obstacles de routine qu'il fallut vaincre, des volontés obstinées qu'on eut à combattre. Je ne prétends pas dire que les travaux du Louvre aient été tous bien distribués : à mon sens, on ne choisit constamment bien ni la place ni les sujets : on eut surtout le tort, et cela s'est vu principalement dans les salles du conseil d'état, de diviser entre une multitude d'artistes des travaux qu'il eût fallu confier à un seul homme. Mais le résultat important qu'on se proposa et qu'on obtint, ce fut de faire adopter la spécialité des travaux de peinture. Par là on est rentré dans les voies raisonnables de l'art, et si les salles du Louvre ne valent pas celles du Vatican, c'est moins à l'administration qu'il faut s'en prendre qu'au siècle et aux artistes qu'il a produits.

J'ai nommé la personne dont la volonté ferme et constante a le plus contribué, et seule a dû rendre inévitable l'achèvement du Louvre. Je mentionnerai aussi parmi les gens de goût dont l'influence passagère profita aux travaux du Musée Charles X, M. le comte Turpin de Crissé, et surtout M. le duc de Luynes, savant et artiste d'un ordre supérieur, qui, pendant quelque temps, remplit les fonctions de directeur adjoint des Musées. M. le duc de Blacas, amateur fort éclairé, comme savent tous ceux qui s'occupent de matières archéologiques, seconda efficacement l'administration des Musées et dans ses acquisitions et dans ses empiétemens sur le Louvre. Voilà ce que je devais dire, parce que je le sais, parce que la vérité qui honore les hommes ne doit se cacher sous aucun prétexte que ce soit, parce que les folies et les malheurs politiques n'ont jamais empêché qu'on tînt compte aux plus foux et aux plus malheureux rois de ce qu'ils avaient fait en faveur des sciences, des lettres et des arts.

Si donc la nouvelle liste civile a un mérite dans les belles choses qu'elle montre aujourd'huy au public, ce n'est pas d'en avoir conçu la pensée, mais bien d'en avoir hâté l'accomplissement avec le zèle le plus méritoire. Le Musée grec, égyptien et du moyen âge, le Musée du premier sur la rivière, le Musée sans nom enfin (je l'appellerai comme vous voudrez ou comme vous ne voudrez pas), est redevable surtout de son admirable ensemble à une circonstance qui ne se reproduit pas souvent, que je sache, au temps où nous vivons : c'est d'avoir été commencé et achevé par les mêmes personnes, M. de Forbin et M. de Cailleux. Heureux qui peut attacher son nom à quelque chose d'aussi durable et d'aussi digne d'admiration que le nouveau Musée !

Car il faut bien que ceux qui n'ont pu faire par eux-mêmes la comparaison de nos richesses avec ce que l'étranger possède, cessent de se laisser prendre à certaines hableries intéressées, et apprennent ce que nous valons en fait de Musées et de collections publiques. Faites le tour de l'Europe : visitez Vienne, Berlin, Florence, Naples, les villes les plus célèbres sous ce rapport, et vous ne trouverez nulle part un ensemble qui approche des merveilles du Louvre. Au Vatican, les antiques seules sont bien logées ; la *Transfiguration* et la *Communion de saint Jérôme* sont déposées dans un grenier. Les glyptothèque, pinacothèque, dactyliothèque, et toutes les *thèques* du monde que Munich doit à son roi antiquaire, ne sont au prix de notre Louvre que d'agréables joujoux. Qu'y a-t-il de comparable au monde à ce palais dont les murs mêmes forment un Musée, qui se pare au dehors des chefs-d'œuvre de Jean Goujon, de Paul Ponce, de Prieur, de Sarazin, comme une reine se couvre de diamans, et qui au dedans renferme une telle collection de marbres antiques, le *Milon de Crotone* du Puget à côté des *Esclaves* de Michel-Ange, un quart de lieue de chefs-d'œuvre en peinture dans la plus belle galerie du monde, un choix de dessins sans pair pour l'abondance et la variété des maîtres, des antiquités égyptiennes à défier Turin, des vases et des bronzes à se consoler de ne pas être Naples ? Non pas un peu de tout, mais des choses du premier ordre en tout ! Que sera-ce donc quand on jouira des salles toutes pleines des colosses de Thèbes et des Sarcophages monstrueux des Pharaons ? quand une galerie convenable aura reçu cette vaste collection d'empreintes en plâtre qui doit faire de notre Musée le musée universel de la sculpture ? Quand on pourra marcher deux heures dans le Louvre sans s'arrêter et sans cesser de passer devant des objets d'art du plus haut intérêt ?

Je sais bien ce qu'il faudrait pour ajouter la dernière pierre à ce monceau de miracles : mais je l'ai trop souvent répété ailleurs que dans ce livre pour que les personnes qui me lisent quelquefois en aient perdu le souvenir; et puis, ce n'est pas l'occasion de faire ainsi l'affamé, quand on vient d'achever un si beau repas.

Que le lecteur me pardonne donc et partage, s'il le peut, mon accès d'enthousiasme : il doit savoir que je n'y suis pas sujet. Il faut dire aussi que j'ai pour moi toutes les personnes qui ont visité le Louvre pendant ces derniers temps. Pour voir les nouvelles salles, on doit suivre le corridor qui remplace la galerie d'Apollon; après avoir traversé la salle ronde surmontée d'une coupole, on trouve un premier cabinet, dans lequel sont rangés, comme par le passé, les objets en matière précieuse : si l'on y pleure le beau vase d'onyx, émaillé probablement par Benvenuto Cellini, et qui a disparu dans la tempête de 1830, on se console en admirant une très jolie coupe en or ciselé, décorée de figures, et que des amateurs ont attribuée à Briot. On remarque aussi au milieu de la salle un bassin en métal du Levant, damasquiné en argent, orné de figures d'un style très curieux et de deux inscriptions arabes. Le premier de ces monumens a été acquis récemment par la direction du Musée ; le second, rapporté sans doute de l'Orient ou de la Sicile, à l'époque des croisades de Saint-Louis, et placé dès le treizième siècle dans la Sainte-Chapelle de Vincennes, après avoir heureusement échappé aux dangers que les objets d'art de cette espèce ont courus il y a cinquante ans, vient d'être récemment transporté de Vincennes à Paris, d'après les intentions du Roi et suivant les indications que S. M. elle-même avait fournies.

La salle des sept cheminées, encore inachevée, vous montre d'une part la *Bataille d'Austerlitz* et de l'autre l'*Entrée de Henri IV* par M. Gérard. Le public qui n'y entend pas malice se permet d'admirer ces ouvrages avec au moins autant de chaleur que les nouveautés, et de s'y arrêter même plus long-temps que devant aucun des tableaux modernes ; quant à moi, en traversant cette salle, j'ai appris deux choses : la première, à ne pas croire si durement à nos prétendus progrès actuels, tant que nous ne produirons pas d'ouvrages aussi élevés d'intention, aussi savans de conduite que les grandes pages de M. Gérard ; la seconde, à me défier des préventions assez générales, qui n'accordent presque jamais à un second ouvrage autant de mérite qu'au premier, qu'à celui qui a fondé la réputation d'un homme. Certes, si l'on compare aujourd'hui l'*Entrée de Henri IV* à la *Bataille d'Austerlitz*, je ne sache personne qui n'accorde l'avantage au tableau de la restauration sur celui de l'empire; et pourtant que n'a-t-on pas dit lors de l'apparition de l'*Henri IV*?

Si vous tournez à gauche, vous trouvez l'ancien cabinet du roi et la ci-devant salle des séances royales transformés en supplément de l'exposition de peinture. Si vous marchez droit devant vous, vous pénétrez dans les salles ouvertes en 1827 et vous ne perdez ni votre temps ni votre admiration à revoir l'*Apothéose d'Homère* par M. Ingres. Si vous prenez la porte placée aussi en face de vous, mais un peu plus à droite, vous entrez dans un nouveau musée de neuf salles, de l'existence duquel vous ne vous doutiez probablement pas hier.

J'ai remarqué, en courant les deux salles supplémentaires, un beau paysage de M. Jules Dupré; une vue piquante de la *Vallée d'Arques* par M. Roqueplan, un *Pont au change* au clair de lune assez habilement rendu par M. Dussauce, nom que je rencontre et que j'écris pour la premire fois, et surtout un paysage suisse par M. Aligny, digne d'être examiné sérieusement quand nous traiterons des autres paysages du Salon. Le *Souvenir d'Egypte* par M. Duchesne est un tableau qui annonce dans son auteur un goût simple et élevé de composition, et un sentiment de couleur original.

Les travaux des architectes occupent tout le bas de la salle des sept cheminées et un couloir à l'autre extrémité de cette partie du Louvre. J'y ai distingué à la première vue une étude très curieuse de M. Lassus sur le palais des Tuileries, tel qu'il devait être exécuté dans la pensée de Philibert Delorme; une magnifique restitution d'une habitation antique par M. Duban, un projet intéressant de la réunion des Thermes de Julien à l'hôtel Cluny par M. Albert Lenoir, et des travaux topographiques du plus haut intérêt sur les villes antiques de la Grèce par M. Dedreux.

Sur les neuf salles nouvelles, huit sont ouvertes au public et sept sont décorées de leurs plafonds. Dans la seconde, une toile verte remplace le tableau que l'on attend de M. Steuben. M. Léon Cogniet aura bientôt achevé le plafond de la neuvième salle, qu'une indisposition l'avait forcé d'interrompre. Cette partie du Louvre, à l'exception de la salle de M. Cogniet, dans laquelle seront placés les manuscrits égyptiens sur papyrus, est consacrée à l'exposition des principaux dessins des grands maîtres. Au dessus des dessins sont rangés des cartons de Jules Romain, du Dominiquin, des tableaux de Lesueur, des portraits d'artistes, des copies de Raphaël et d'autres grands maîtres : au dessous on a disposé des meubles de diverses époques, depuis les bahuts sculptés des âges gothiques jusqu'aux bronzes et aux laques de Boulle. Dans la première salle, celle de M. Alaux, sont rangés par volumes, les dessins originaux qui n'ont pas été jugés dignes des honneurs de la bordure. Enfin, la salle du centre, celle dont M. Heim a décoré le plafond, renferme une grande partie de la collection d'émaux, d'ivoires, de sculptures en bois, de verreries, d'armes et de bijoux du moyen âge, acquise en 1828 de M. Revoil, le célèbre peintre lyonnais, quelques armures magnifiques du seizième siècle, et un grand retable à trois frontons en os imitant l'ivoire, et orné d'une multitude de bas-reliefs tirés de l'histoire sainte et de la légende. Ce monument capital, qui doit avoir été exécuté en Italie dans le quatorzième siècle, décorait, dit-on, un oratoire de l'abbaye de Poissy.

A présent que j'ai fait en conscience et terminé ma tâche de *cicerone*, il me sera permis, je pense, de dire un mot du mérite des peintures qui décorent le plafond de ces nouvelles salles.

La critique a depuis long-temps épuisé la question des peintures plafonnées ; je ne reprocherai donc ni à l'administration d'avoir disposé en faveur des peintres modernes de la seule place dont elle pût disposer elle-même, ni aux artistes d'avoir accepté un genre de travail ingrat et absurde, selon moi, mais consacré par l'habitude et l'autorité des plus grands noms. Mais on pouvait tirer meilleur parti de cette donnée qu'on ne l'avait fait jusqu'à ce jour, et c'est là le mérite incontestable de M. Alaux. Le premier dans le Louvre il a proportionné la dimension de son sujet principal à la reculée permise au spectateur. A cet effet, il a disposé l'encadrement de son tableau, en variant de la manière la plus ingénieuse les figures accessoires, les chapelets d'enfans qui s'enroulent autour des guirlandes, les médaillons, les méandres et les rinceaux. Cette partie du travail de M. Alaux nous semble irréprochable : le ton en est progressivement plus fin et plus léger, et le sujet principal s'enlève au centre en s'harmoniant avec le reste de la décoration. La salle de M. Alaux est consacrée à la gloire du Poussin. Sur les voussures on a rappelé les douze travaux d'Hercule que Poussin avait exécutés dans la voûte de la grande galerie du Louvre et qui n'existent plus. A droite de la composition centrale nous voyons la Vérité, à gauche la Philosophie, les deux vraies muses du Poussin. Enfin, pour thème principal, M. Alaux s'est proposé de peindre notre grand artiste arrivant de Rome et présenté à Louis XIII par le cardinal de Richelieu. Outre le mérite d'harmonie locale dont je parlais tout à l'heure, on remarque dans cet ouvrage des détails fins et gracieux. Pourtant j'y trouve le Poussin trop dégagé : on dirait qu'il traite avec Louis XIII de puissance à puissance. Cela était bon pour deux bêtes fauves comme Jules II et Michel-Ange; mais on n'a qu'à lire les lettres du Poussin, et l'on verra de quel ton humble et déférent l'artiste le plus indépendant du dix-septième siècle s'adressait, non pas seulement au roi de France, mais aux moindres puissances de la cour de Saint-Germain. Il me semble qu'ici M. Alaux a fait quelque violence à la vérité et à la philosophie dont il a tracé tout à côté de si charmans portraits. En résumé, la salle de M. Alaux obtient un succès unanime; je crois que je la préfère, comme ensemble, même à la salle égyptienne de M. Picot, si justement applaudie en 1827.

Puget présentant le groupe de Milon de Crotone à Louis XIV dans les jardins de Versailles, tel est le sujet que M. Eugène Devéria a traité. Quelques personnes professent une assez vive admiration pour cet ouvrage; mais je ne partage pas entièrement leur opinion. Je conviens que depuis *la naissance de Henri IV*, M. E. Devéria n'a point produit d'ouvrage aussi complet que le Milon de Crotone; je reconnais à ce dernier tableau un certain mérite d'ensemble, du charme et de la séduction dans la couleur; mais mon approbation ne peut aller plus loin. Le sujet était beau sans doute : il y avait un contraste à tirer de Pujet, simple ouvrier en marbre, et qui n'avait jamais quitté le costume de son premier état, avec la pompe empesée de la cour de Versailles. Chez M. Devéria, Puget a un habit noir et une grande perruque comme tout le monde; il ressemble à Colbert. Au lieu des femmes graves et guindées qu'on retrouve dans les cérémonies de l'époque, M. Devéria nous donne un échantillon de ces poupines minaudières et tortillées qu'on passe aux vignettes, mais qui déparent un tableau d'histoire. Les pages sont trapus et mal bâtis comme des nains : il n'y a pas jusqu'au Milon de Crotone, que M. Devéria aurait pu copier tout bonnement dans les salles du Louvre, dont il n'ait maniéré le contour depuis le sommet des cheveux jusqu'au bout des pieds. M. Devéria, selon nous, s'était déjà trompé sur le caractère du costume au dix-huitième siècle, dans son bal du Palais Royal; il est encore plus loin de la vérité cette fois, qu'il traite une époque plus grave et plus solide.

M. Devéria nous paraît inexcusable d'avoir méprisé les secours sans nombre que lui fournissaient les monumens du siècle de Louis XIV. M. Schnetz n'était pas dans le même cas pour son plafond; car rien n'est plus rare que les monumens authentiques de Charlemagne et de son temps. Si c'est M. Schnetz qui a choisi le sujet de *Charlemagne recevant Alcuin qui lui présente des livres manuscrits*, je m'incline, tout en déplorant l'erreur d'un homme qui méconnaît la direction de son talent : si ce sujet a été imposé à M. Schnetz, je m'incline plus profondément encore; mais au moins le tort n'est-il pas celui du peintre. Quoi! M. Schnetz, l'imitateur toujours vrai; naïf et fort, élire une, composition dans laquelle tout doit être en quelque sorte inventé, les monumens, les costumes et les hommes! Après tout, je ne suis pas de ceux qui poussent de si grands hélas en présence du plafond de M. Schnetz. Quand j'ai su que ce grand peintre faisait un Charlemagne, je me suis attendu à ce que je vois et, je n'ai point espéré les beautés que je trouve dans ce plafond. Je sais bien qu'il y a peu de rapports entre Karl, le géant tudesque, et le vieillard court et basané que M. Schnetz a représenté. Je trouve, comme les autres, peu honnête à l'ambassadeur d'Haroun-el-Raschid de s'accroupir à l'indienne en présence de l'empereur d'Occident. Les moines, avec leurs grosses faces et leurs verrues, ressemblent bien plus aux restes fainéans et vagabonds qui habitent encore les couvens, qu'aux civilisateurs de l'Europe barbare: mais ce qui compense tout cela, c'est une franchise d'effet, une puissance de ton simple et directe, dont personne n'a jamais été capable en ce pays. Que voulez-vous ? vous forcez Lablache de chanter l'air *Mio tesoro*, et vous vous plaignez ensuite de ne pas trouver l'agilité et le fausset de Rubini;

tout ce que Lablache peut faire, c'est de vous prouver qu'il est grand musicien ; *Ex ungui leo.*

J'ai peu de chose à dire de M. Heim : infidèle à sa propre nature, M. Heim a voulu trouver du charme, de la coquetterie, de l'effet à la Roqueplan, et il a oublié chemin faisant tout ce que son talent offrait de fort, de pénétrant et de sévère. Je conviens que le gros public ne s'était pas aperçu il y a dix ans du mérite qui brillait dans le Martyre de saint Cyr et de sainte Juliette ; mais l'opinion des artistes était unanime en faveur de cet ouvrage. Qui aurait pensé alors que M. Heim en viendrait, de concessions en concessions, jusqu'à produire le plafond de *la renaissance des arts en France?*

Les deux plafonds de M. Fragonard ont déjà paru aux expositions de 1819 et de 1827 ; ils sont heureusement adaptés à la place qu'on leur a consacrée dans les nouvelles salles du Louvre, et y produisent un bon effet.

Dans la huitième salle, M. Drolling a représenté *Louis XII proclamé père du peuple aux étatsgénéraux de Tours en* 1506. Comme il est déjà arrivé à M. Ingres et à M. Horace Vernet, M. Drolling s'est affranchi de toute préoccupation relative à la place que son ouvrage devait

occuper; il n'a calculé ni le point de vue ni l[a]
reculée : il a fait de l'architecture, des fenê[-]
tres, du paysage, un tableau enfin plus propre [à]
être accroché contre un mur qu'à figurer en pla[-]
fond. M. Drolling a droit qu'on le juge dans l[e]
sens adopté par lui; et jugé de cette façon, i[l]
mérite les plus grands éloges.

La scène offrait de grandes difficultés que l[e]
peintre n'a pas toutes surmontées. En plaçant l[e]
roi à une extrémité du tableau, l'autre extrémit[é]
ne pouvait paraître suffisamment remplie. L[e]
geste des membres des états qui proclamen[t]
Louis XII père du peuple, aurait eu de la pein[e]
à s'affranchir de quelque chose d'uniforme e[t]
d'exagéré. Un reproche qui retombe sur M. Drol[-]
ling tout seul, c'est d'avoir adopté une architec[-]
ture postérieure à Louis XII. En empruntant se[s]
motifs à la salle de bal de Fontainebleau, décoré[e]
sous Henri II seulement, M. Drolling déroute l[e]
spectateur quelque peu familiarisé avec l'histoir[e]
de l'art; les costumes non plus ne sont pas c[e]
qu'ils devraient être pour quelqu'un qui aurai[t]
profondément étudié les monumens de la fi[n]
du quinzième siècle. Mais quant au point prin[-]
cipal, M. Drolling prend sur la critique une écla[-]
tante revanche: disposition claire et habile de

groupes, dégradation des plans, sentiment pur de dessin, airs de tête simples et appropriés au sujet, tout se trouve réuni dans cet ouvrage à un degré auquel nous ne sommes plus guère accoutumés. On trouvera facilement des choses qui séduiront davantage au premier abord; on en rencontrera peu qui soutiennent mieux l'examen et satisfassent autant le goût et la raison. Ce n'est ni de l'enthousiasme ni du génie : c'est une œuvre admirable de savoir. Nous ne doutons pas que ce tableau n'ajoute beaucoup à la réputation déjà si bien établie de M. Drolling.

CHAPITRE V.

MM. Rude, Duret, A. Etex, Barye. — M. Honogé

J'ai éprouvé rarement autant de satisfaction que j'en éprouve aujourd'hui à transcrire les noms qui figurent en tête de cet article : on a si peu d'occasions de louer avec une conviction ferme et sans arrière-pensée, qu'on se sent tout soulagé de pouvoir mettre une fois de côté l'arsenal des circonlocutions et des précautions oratoires. La critique d'ailleurs est une plante parasite qui ne vit que si l'ouvrage auquel elle s'attache est destiné à vivre lui-même : si ingénieuse, si fondée qu'on la suppose, elle s'effacera comme un vain bruit de mots, si elle ne s'applique qu'à des productions médiocres ; consacrée à des œuvres durables, elle ne sera jamais assez pauvre ni assez déraisonnable pour ne pas mériter de vivre presque autant qu'elles.

C'est pourquoi j'ai cru pouvoir profiter de l'occasion qui m'avait conduit à l'extrémité du nouveau musée, pour descendre tout de suite dans les salles de la sculpture. Le public, qui ne fait que d'apprendre le chemin de ces salles, n'aurait pu accorder jusqu'à ce moment grande attention à ce que je vais en dire; mais à présent qu'un plus grand nombre de personnes témoignera de la vérité de mes paroles, je gagnerai peut-être un notable supplément de spectateurs à cette pauvre statuaire si injustement privilégiée de la solitude.

MM. Rude et Duret, que j'ai déjà honorablement mentionnés dans mon premier chapitre, semblent, sans s'être entendus et probablement sans se connaître, être partis du même point pour la composition de leurs ouvrages. C'est, encore une fois, et comme dans les tableaux de M. Robert, une démonstration par les faits de la marche que les anciens ont suivie dans l'art; c'est de protestation de deux artistes sensibles et bien organisés, contre les rêveries glacées de l'idéal. En prenant leurs modèles dans les classes de la société les plus rapprochées de la nature, en imitant non ce que l'imagination échauffée conçoit, mais ce que chacun peut voir chaque jour, ils ont prouvé, comme l'avait prouvé M. Robert, que la véritable supériorité des anciens consistait à avoir vécu dans une nature plus vraie et plus spontanée que la nôtre, et d'avoir imité cette nature avec une parfaite simplicité. MM. Rude et Duret ne se rapprochent au reste que par cette communauté d'opinion qui est devenue un lieu commun pour tous ceux qui sentent l'art passablement ; elle les a conduits à choisir pour type de l'adolescence ce que notre mémoire nous rappelle de plus riche et de plus gracieux dans les formes et les mouvemens juvéniles, un enfant des pêcheurs napolitains ; mais là s'arrête l'analogie de leurs ouvrages ; et de chaque côté nous trouvons un artiste nettement accentué à sa manière.

La figure exposée par M. Rude ne nous était pas inconnue ; nous l'avions vue paraître à la fin du salon dernier ; et bien qu'alors dans la pensée du statuaire cette figure fût loin d'être achevée, elle avait excité l'attention de tous les artistes. M. Rude ne s'est pas contenté de ce succès : il a de nouveau appliqué à son marbre, non la râpe morte du praticien, mais l'action intelligente d'une main guidée par le sentiment ; et chose merveilleuse dans ce temps où la vie ne survit guère à l'ébauche, il a rendu son marbre plus vivant à mesure qu'il l'a plus terminé. Sans prospectus, sans fracas préliminaires, sans trompettes qui l'aient révélé au monde et prophétisé dans les journaux, M. Rude a complétement résolu deux problèmes sur lesquels les sculpteurs se disputent depuis cinquante ans et peut-être davantage; il a montré que dans une œuvre d'art le fini était inséparable du sentiment, que l'un complétait l'autre, loin de lui être nuisible ; il a prouvé aussi qu'une figure pouvait conserver toute la grace, toute la suavité, toute la noblesse imaginables, sans s'écarter de la voie de la nature, de cette imitation timide, scrupuleuse et terre-à-terre pour laquelle les prétendus imitateurs de l'antique n'ont jamais eu assez de dédains. Allez voir la figure de M. Rude ; la grande question des classiques et des romantiques, dont nous vivons, nous autres critiques, depuis tantôt dix ans, aux dépens de ce bon public qui nous regarde tout ébahi, cette grande question, M. Rude la tranche sans réplique ; il réduit à leur juste valeur les exagérations des deux partis extrêmes ; il les confond dans un reproche commun d'impuissance et de préjugé ; il donne gain de cause aux hommes à vues, non courtes, mais directes et claires, sur les extatiques, les fanatiques et les lunatiques de tout bord et de toute coterie ; il nous réengage dans cette voie de travail continu, d'imitation simple et constante, qui, selon les lieux, les motifs et les influences, a fait Raphaël comme Ostade, Gérard Dow comme Phidias.

M. Rude, qui a passé une grande partie de sa vie d'artiste hors de France, n'a pas donné au public de ce pays un gage suffisant de l'étendue et de la variété de son talent. Nous avons vu de lui à Bruxelles des compositions de bas-reliefs qui dénotent un goût rare d'ajustement et une assez grande abondance d'invention. Du reste, nous ne savons et nous ne pouvons savoir au juste la portée d'un homme qui, bien qu'ayant passé la jeunesse, est pour nous presque entièrement nouveau ; mais ce qu'on doit affirmer sans crainte, c'est que l'école française n'a pas produit depuis soixante ans une œuvre plus complète dans son genre que le *Pêcheur napolitain* de M. Rude. Nous nous expliquons aujourd'hui l'étonnement qui nous saisit il y a deux ans, quand nous trouvâmes dans les salles de la sculpture un buste du peintre David que nous ne pouvions attribuer à aucune des mains connues de l'école, et qui nous paraissait les surpasser toutes sous le rapport de la vie dans l'imitation.

Ce n'est pas principalement par la composition

que brille la figure de M. Rude. *Le Jeune Pêcheur,* assis sur un filet, coiffé du bonnet de laine rouge commun à tous les habitans des côtes de la Méditerranée, a passé un brin de jonc autour du cou d'une tortue apprivoisée (chose difficile, je vous jure, et dont ni vous ni moi ne nous chargerions sans doute). La tortue marche en clopinant, et l'enfant suit en riant, le bras tendu, et l'autre main appuyée sur la terre, le mouvement du bizarre Pégase qu'il vient de dompter. L'âge choisi par le statuaire justifie l'enfantillage, et fait que l'imagination du spectateur y prend part. Le jeune pêcheur n'a pas plus de douze ans ; mais, comme il arrive dans les fortes races, l'extension précoce du masque indique le développement prochain d'un homme robuste. L'ensemble de la figure présente une masse ramassée, surbaissée en quelque sorte, et comme les anciens ne les concevaient guère que pour les placer dans les angles des frontons. Pour bien jouir de la figure de M. Rude, il faut avoir le nez dessus, il faut chercher les détails d'imitation dans les recoins nombreux que forment les membres repliés sur eux-mêmes. C'est un défaut analogue à celui qu'on pouvait reprocher à la jolie figure de M. Després, dont nous avons parlé lors de la dernière exposition. Mais quant au mérite de l'imitation en elle-même, sauf un peu d'indécision dans le bras qui guide la tortue, je n'ai ni mots pour la louange, ni prétextes pour la critique. Ce ne sont pas seulement des os, des muscles et de la chair : c'est de la peau, c'est un tissu élastique et inégal, épais sous les pieds, tendu sur les os, mou sur le ventre, luisant et bronzé sur la figure, mince et transparent sur les lèvres : c'est de l'eau dans les yeux, de l'air dans la chevelure : la tête parle; elle rit d'un rire franc et solide : la statuaire n'a jamais su mieux rencontrer l'animation sans charge et sans exagération.

Nous trouvons chez M. Duret une composition mieux balancée, une prétention plus claire au choix de la forme, une recherche moins naturelle de l'expression ; comme lignes, comme effet, sous tous les points de vue, le *Jeune Pêcheur dansant* de M. Duret exerce une séduction irrésistible. On y trouve toute la nouveauté que l'art peut se permettre sans tomber dans l'affectation, tout le mouvement qu'on peut atteindre sans encourir le reproche de manière et de tortillage. Plus complète au premier abord que la figure de M. Rude, celle de M. Duret résiste moins à la froideur de l'examen : les jambes, dont le principe est excellent, manquent de finesse dans l'étude ; le torse est plus remarquable à cet égard ; mais les bras, le cou et la tête sont certainement trop grêles pour le reste de la figure : il y a de l'incertitude dans le type choisi par M. Duret, comme âge et comme développement ; la tête est féminine, malgré la petite moustache qui ombre les lèvres, et toute cette partie de l'ouvrage tombe presque dans le gentil.

Des critiques dont la mémoire serait encore plus rigoureuse que le jugement, se rappelleraient peut-être le *Mercure* de l'exposition dernière, et reconnaîtraient entre cette figure et celle du *Pécheur* de cette année, non seulement de la parenté, mais même de la fraternité. L'air de tête est presque le même ; le mouvement a autant d'analogie que le permet la différence des sujets ; il semble que M. Duret ait travaillé deux fois d'après le même modèle, et que ce modèle ne lui plaise tant que parce qu'il réalise un type qui domine exclusivement son imagination. Cette réflexion chagrine trouve à s'appuyer sur le *Molière* que M. Duret a exposé cette fois ; *Molière* c'est pour ainsi dire encore le *Mercure*, avec une perruque tombante, des souliers et un manteau.

Ces observations, qu'en ma qualité de rapporteur impartial je ne devais pas taire, n'influent au reste que bien peu sur la manière dont les personnes qui se livrent exclusivement à leurs impressions jugent le *Pêcheur* de M. Duret: aussi je ne m'étonne pas qu'un grand artiste ait accordé à M. Duret la louange d'avoir produit les deux plus gracieuses figures de la statuaire en ce siècle. Mais si M. Duret tient à ce que tout le monde confirme cette louange, il a, selon moi, à se raidir fortement contre le retour de ses idées favorites.

La statue de M. Duret a été fondue par M. Honoré ; j'ajouterais *d'un seul jet*, si j'attachais le moindre prix à une niaiserie qu'un homme du mérite de M. Honoré a le tort de rappeler encore au public. Depuis les Florentins du seizième siècle, nul n'a produit de la fonte plus légère et plus fine, un métal plus clair et plus doux à l'œil que M. Honoré. Le *Jeune Pêcheur* est en ce genre un chef-d'œuvre qui recommande M. Honoré à l'admiration des artistes et à l'attention du gouvernement. Outre que la fonte de métal est moins chère que le marbre, elle offre des ressources à la statuaire, dont aucun de nos contemporains n'avait profité jusqu'à ce jour, les ateliers modernes ne donnant en général que des produits grossiers. M. Honoré seul garde vierge et intacte la pensée de l'artiste; en habituant l'œil à la belle teinte de la fonte, il nous délivre insensiblement du préjugé de la patine, il fait tomber dans le discrédit le colorage stupide que l'on nomme le vert antique. C'est un retour au bon sens, qui pour ce siècle est un grand progrès.

M. Etex nous transporte bien loin des pêcheurs napolitains et des tarentelles : il nous ramène au berceau du monde; il nous fait assister à une scène de ce drame sublime du premier fratricide : il s'adresse à notre ame tout autant qu'à nos yeux. M. Etex, tout jeune encore, est connu par un succès populaire et des disgraces académiques ; on se rappelle son *Hyacinthe blessé*, la seule figure de sentiment qui soit jamais sortie des concours de l'école; on sait aussi que M. Etex n'obtint le prix, ni l'année de l'*Hyacinthe,* ni au concours suivant. M. Etex s'est raidi contre la sentence de ses juges ; il s'est senti plus fort que ses maîtres n'avaient l'air de le croire ; il a couru en Italie, et nous en rapporte un groupe à épouvanter tout un institut.

Dans cet ouvrage, la qualité dominante de M. Etex s'est développée avec une force à laquelle, tout bien disposé que j'étais pour l'artiste, j'étais loin de m'attendre. Caïn, après son crime et la malédiction de Dieu, s'est assis pensif et bourrelé de remords sur la terre ; ses regards sont mornes et baissés ; d'une main il serre contre lui sa femme qui s'est précipitée sur ses genoux, et qui, dans son mouvement, laisse tomber un enfant à la mamelle ; de l'autre, il devrait embrasser aussi son fils aîné qui le regarde avec tendresse : mais cette main est celle qui a commis le crime, Caïn la cache derrière lui comme un accusateur. Cette dernière pensée, je ne vous la donne que pour ce qu'elle vaut : médiocrement rendue, ce serait un *lazzi*; attaqué avec simplicité, elle gagne presque de la grandeur. L'ensemble du groupe est bien sculptural ; il forme une belle pyramide dans laquelle la compression des lignes ne nuit en rien au développement fort des mouvemens. C'est ici un art perdu que M. Etex nous fait retrouver, un art que possédaient à un degré éminent les anciens sculpteurs français, les Coysevox, les Coustou, les Lepautre ; à l'exemple de ces maîtres dont le nom devrait être prononcé avec plus de respect qu'on ne fait d'ordinaire, M. Etex a produit une composition monumentale ; du premier pas, il se rattache comme un rejeton plein d'espérance à cette grande famille, qui, par Michel Ange, remonte à Phidias.

M. Etex tiendra-t-il cette haute promesse ? Acquerra-t-il ce qu'il faut de science pour remplir une tâche aussi vaste, pour devenir un Coustou avec le goût et la correction de plus, l'effort et la fausse ampleur de moins ! Telle est la question que M. Etex pose lui-même par son groupe, sans la résoudre complétement ni en bien ni en mal. Si je considère la conception elle-même, M. Etex me semble avoir commis une erreur assez grave. Son Caïn n'est pas l'homme de la création primitive ; l'homme oriental et toujours divinement beau, même après son crime : c'est un mélange de gladiateur et de sauvage, un Germain aux cheveux rouges ; ce n'est point là l'inspiration de la Bible, c'est celle du groupe Ludovisi ou de la figure du Capitole. Le jeune garçon est tant soit peu tudesque comme son père ; mais le sentiment de la tête, la vérité du mouvement et de l'exécution, surtout dans la jambe qui porte le poids du corps, méritent des éloges sans restriction : la femme surtout nous semble vraiment admirable : conception, disposition, exécution, rien ne se dément dans cette figure ; on a rarement, chez les modernes, uni si bien la force à la grace. Cette femme seule serait la vie d'un sculpteur ordinaire : pour M. Etex, j'aime à croire que ce n'est qu'un engagement.

Je suis loin de regarder le groupe de M. Etex comme un ouvrage complet, et, à l'âge de cet artiste, ce serait un malheur que d'avoir fait quelque chose de complet. Mais tel qu'il est, il faut le classer à part de toute l'école moderne : c'est une ame, et non plus seulement une main de statuaire qui se révèle. Le gouvernement doit à M. Etex de lui fournir les moyens d'exécuter en marbre le groupe de Caïn et de sa famille : en revenant sur les diverses parties de ce morceau, M. Etex condamnera lui-même ce que sa conception renferme de blâmable ; il étudiera de nouveau avec sévérité les détails de la figure de Caïn ; il se rendra ainsi tout-à-fait capable de rendre les pensées mâles et sensibles dont son imagination paraît largement pourvue.

Tel était à peu près, et dans un ordre différent, le langage que nous tenions, il y a deux ans, à l'occasion des animaux de M. Barye. Ce statuaire nous avait paru, comme à tout le monde, mar-

qué au coin du génie, et nous attendions que
l'autorité lui facilitât l'occasion de compléter sur
le marbre des idées que le plâtre laisse toujours plus ou moins dans l'embryon. On n'a pas
tenu compte de nos remarques et de la réclamation unanime des artistes. M. Barye avait produit
des animaux merveilleux : on lui a donné un
buste à faire. Ce buste est un bon ouvrage : mais
pourquoi tirer de sa spécialité un homme supérieur, un homme de génie, je le répète? Ou je
me trompe fort, ou M. Barye a cherché à s'expliquer d'une manière raisonnable la défaveur dont
il avait été l'objet ; il s'est demandé en quoi pouvait pécher son premier ouvrage : il a voulu
mettre dans le second une foule de choses qu'il
avait, selon moi, fort habilement négligées d'abord. Aussi ne puis-je pas dissimuler qu'à la première vue le Lion de M. Barye produisit sur moi
une impression pénible; j'en voulus au sculpteur
de la peine qu'il s'était donnée pour rendre tous
les détails de la peau et du pelage. J'aurais souhaité retrouver intacte la belle simplicité de surface qui distinguait le tigre et le crocodile : si j'avais donné un conseil à M. Barye, loin de l'engager à multiplier ainsi les détails, je me serais
estimé heureux de le ramener à la manière large

et sommaire dont les animaux antiques son[t]
traités.

Mais je me suis bientôt aperçu que je m'arrêtai[s]
à des minuties. Plus je revoyais le *Combat du lio[n]
et du serpent*, et plus l'impression augmentait ; i[l]
m'a semblé d'abord que le lion remuait : hier j[e]
l'entendais rugir. Que M. Barye soit donc mi[s]
une fois pour toutes à même d'un beau marbre[,]
non d'un Carrare laiteux, mais d'un bloc de jaun[e]
de Sienne, dans lequel il retrouve le ton qu'il [a]
si heureusement ajouté à son plâtre, et nous sommes convaincus que l'étude d'une matière nouvelle le ramènera dans la véritable voie de la statuaire antique. Les Egyptiens et les Grecs nou[s]
ont laissé dans ce genre des modèles inimitables[.]
Tous ceux qui ont vu Rome se rappellent l'impression que produit au Vatican la salle où l'o[n]
a rassemblé tant d'animaux rendus avec tant d[e]
matières diverses, appropriées chacune à la couleur des différentes espèces. Mais M. Barye n'[a]
pas besoin de ces modèles ; son génie seul lu[i]
suffit pour faire aussi bien que les plus belle[s]
choses de la collection du Vatican.

Le *Combat du lion et du serpent* n'est pas l[e]
seul ouvrage que M. Barye ait exposé : nou[s]
avons de lui une suite d'esquisses animées, tou[tes]

chantes, terribles, réjouissantes, dans lesquelles il a représenté des lions, des chevaux, des tigres, des cerfs, et principalement des ours. Dans ces derniers, il me semble presque laisser derrière lui le sentiment ironique d'imitation dans lequel M. Decamps excelle. Il est à remarquer que M. Barye, si comique dans ses maquettes, reprend tout son sérieux dans les aquarelles. Là nous retrouvons le même sentiment qui a inspiré les deux groupes du tigre et du lion; là, nous admirons comme dans un marbre le repos majestueux du roi des animaux; nous frémissons en voyant scintiller dans l'obscurité qui s'étend la pupille de cette panthère que la nuit revêt déjà d'une robe noire, tandis que la lumière mourante dore encore la fourrure de sa compagne, couchée paresseusement auprès d'elle.

CHAPITRE VI.

Sculpture. — MM. Préault, Duseigneur, Moine, Dantan jeune, Chaponière, David, Pradier.

J'achèverai en aussi peu de mots que possible ce que j'ai à dire de la sculpture de cette année, non que la quantité des ouvrages exposés ne soit assez considérable, et qu'avec un peu de bonne volonté je ne puisse distribuer encore beaucoup de louanges. Mais, à part la petite satisfaction qu'un artiste éprouve à lire son nom dans un journal accompagné d'une formule approbative, je ne vois pas trop ce qu'on gagnerait à voir ici défiler une kyrielle d'auteurs et d'ouvrages, dont les meilleurs ne vont pas au-delà du succès d'estime. C'est encore une des raisons qui me font désirer les expositions annuelles : au moins, si chacun au bout de dix mois a chance de se remontrer plus heureux et plus fort, ne paraîtrai-je pas commettre une énormité si je réduis ma nomenclature au strict nécessaire. Si mes paroles avaient un caractère officiel, je me sentirais plus gêné dans mes allures, et peut-être m'arriverait-il d'emprunter aux juges des expositions de l'industrie cette phrase si commode : *M*** continue de mériter la médaille d'or.* Mais je n'ai ni médailles ni mentions à distribuer. J'arrive avec le public, et je constate fidèlement ce que la partie éclairée du public adopte ou rejette ; or, ce n'est jamais un mérite équivoque, une qualité noyée dans la médiocrité ou les défauts, qui captivent l'attention générale. La critique méconnaît son caractère essentiel, si elle croit de sa tâche de mettre en lumière le mérite incomplet, ou de dégager la qualité cachée d'une œuvre dont on ne parlera plus l'exposition une fois close, et dont on ne parle souvent pas même pendant l'exposition.

Il y a dans les arts, comme au théâtre, des coulisses et un rideau : les spectateurs sont rassemblés dans la salle, et pourvu que la pièce les amuse, ils ne se soucient ni ne doivent se soucier des moyens qu'on prend pour les divertir. Mais on ne veut plus ni illusions ni perspective ; de tous côtés on saute par-dessus l'orchestre, on envahit la scène. Aujourd'hui les études se font à jour ; l'atelier est devenu un lieu public : l'enfant qui s'exerce produit aux expositions ses informes essais et s'indigne si on ne lui tient pas compte de ses moindres promesses de talent. La louange qu'un professeur intelligent doit à l'apprenti pour tous les pas qu'il fait dans la route de l'art, ne suffit plus à l'amour-propre des artistes en espérance : la critique devient l'auxiliaire du professeur et, à son défaut, prône l'avenir du débutant. Aussi le débutant se croit-il arrivé du premier coup ; il s'endort dans une apparence de succès qui n'aurait pas dû dépasser les murs de l'école ; il ferme bien long-temps avant l'heure la carrière des travaux préparatoires ; j'en connais ainsi qui débuteront toute leur vie.

Quant à la critique, le résultat est plus fâcheux encore : il lui a fallu apprendre tant bien que mal le jargon de l'école : forcée d'examiner des indications, des projets d'ouvrage, elle initie le public aux secrets de la coulisse, et le public, qui d'abord ne voulait pas de ces confidences, s'habitue à entendre et à employer des mots dont le vrai sens ne lui est pas moins inconnu qu'à la critique elle-même. De là ce néologisme technique qui inonde les feuilletons, encombre l'analyse littéraire d'une foule de métaphores inexactes ou extravagantes, et nous mène insensiblement non à la confusion des langues, mais à la confusion de la langue, qui pis est.

Parce qu'on blâme les défauts de son temps, on aurait tort de se croire plus qu'un autre à l'abri de ces défauts. Toutefois, si je reconnais partager quelquefois le péché de mes collègues, la faute en est aux artistes, qui ne me laissent à louer qu'une préparation adroite, ou, pour user d'une expression triviale, qu'une habile cuisine. Que diriez-vous d'un Méot ou d'un Grignon qui, au lieu de vous servir un excellent dîner, sortirait de son laboratoire dans son costume de travail, et présenterait à votre admiration ses coulis, ses godiveaux, ses consommés, tout l'arsenal de sa science, avant son emploi définitif? Les convives crieraient qu'ils ont faim. C'est ce que le public fait devant ces milliers d'ouvrages demeurés en route, et qu'on lui sert pourtant au salon comme autant de perfections.

Je demande pardon au lecteur de cet odieux préambule : c'est le résultat du mal que je me suis donné, moi chétif, pour découvrir les qualités cachées de deux ou trois hommes, dont le génie circule de bouche en bouche, sous forme de programme, sans que ce génie arrive à donner pâture à nos yeux. Par exemple, qu'est-ce que le génie de M. Préault? Comment se fait-il que M. Préault doive devenir ou soit déjà (car la va-

riante existe) un grand sculpteur? M. Préault, e[n]
preuve de ce dire, a exposé un bas-relief, *la Men[-]
dicité*, dans lequel, au lieu de corps, je n'[ai]
trouvé que des têtes et des mains; un prétend[u]
Gilbert mourant, qui n'est qu'une réminiscenc[e]
incomplète de la *Valentine Balbiani* de G. Pilon[,]
conservée dans les salles du Louvre; des ébauche[s]
de portraits coulées en bronze, un buste coiffé e[n]
ours blanc; enfin l'esquisse d'un groupe repré[-]
sentant deux pauvres femmes. Je vous demand[e]
un peu qui, à l'exception du professeur ou de l'a[r-]
tiste, est obligé de chercher dans ces embryon[s]
de sculpture, ce que M. Préault a pu y mettr[e]
de dispositions ou de bonne volonté? Je ne dira[i]
pas à M. Préault : Quittez la sculpture, vous n'ê[-]
tes pas fait pour cet art; je me contenterai de lu[i]
représenter humblement, à moins qu'il n'ait pré[-]
tendu s'amuser, que laisser la sculpture au poin[t]
d'ébauche où il l'abandonne, c'est donner l[a]
preuve d'une organisation incomplète, ou d'un[e]
grande affectation, deux choses également dé[-]
plorables. Il est possible que les croquis d[e]
M. Préault m'attachent plus que je ne le dis : i[l]
m'arriverait peut-être, si je confiais au papier
toute ma pensée, de donner la préférence à quel[-]
ques unes de ces ébauches sur une douzaine de

marbres bien polis qui garnissent la salle d'exposition ; mais j'ai la conviction que louer M. Préault ou prendre sa sculpture au sérieux, c'est tuer l'avenir de son talent ; je ne m'associerai pas à cet égorgement *camaradique*.

Je laisse aussi de côté le génie de M. Duseigneur, quoique M. Duseigneur ait fait preuve dans ses bustes, sinon d'une haute compréhension de l'individualité de ses modèles, au moins d'un bon sentiment de la forme et de la chair. Je ne croirai même pas encore au génie de M. Moine, tant que M. Moine ne nous prouvera pas qu'il sait faire une figure de plus de six pouces de hauteur. M. Moine, qui compose bien, qui sent le moyen âge, qui est souple, remué, spirituel dans les petits sujets, a montré dans le buste de la Reine plus de prétention à la nouveauté que de véritable intelligence de ce genre de travail. Je veux bien qu'on nous représente une femme de nos jours avec des rubans, une collerette, un large chapeau, tous les caprices que la mode invente pour les abandonner aussitôt ; mais alors il me faut une adresse d'outil, une pratique du marbre qui compensent par la légèreté et par l'illusion ce qui manquera du côté du style et de l'élévation de la pensée. Or, je crois qu'on jouerait un tour fâcheux à M. Moine, si l'on arrachait les toiles vertes qui garnissent le fond de la salle d'exposition, et si l'on rapprochait du buste de la reine les dentelles et les rubans du *Tourville* de Houdon, ou du *Turenne* de Pajou. Que restera-t-il donc à M. Moine, s'il perd ses dentelles et ses rubans? Faudra-t-il admirer le masque sur lequel M. Moine, pour rendre les morbidesses de la chair, a émoussé toutes les saillies? Le sculpteur aura beau reprendre son marbre, il ne retrouvera jamais la valeur des saillies qu'il a retranchées. M. Moine a malheureusement employé, dans un ouvrage de grandeur naturelle, un procédé qui ne convient qu'à l'esquisse.

Je sais des gens qui parlent aussi du génie de M. Dantan jeune; mais ici la plaisanterie est un peu forte. En 1831, nous avions remarqué de cet artiste des bustes recommandables par un sentiment de la nature, simple avec un peu de faiblesse; on ne se serait pas douté, en regardant ces ouvrages presque candides, que M. Dantan jeune aspirât dès lors à devenir le Callot de la sculpture. Or, voilà encore une des maladies de ce siècle : voilà ce que nous avons gagné à asseoir le spectateur dans les coulisses de l'atelier. De tout temps les maîtres ont recommandé l'étude de la caricature comme un bon moyen de se rendre compte du principe d'exagération de certaines formes, et de la différence de construction qui existe dans les individus. C'était la pensée de Léonard de Vinci, des Carraches et de David. Aussi les *charges* ont-elles toujours été vues avec faveur dans l'école. Tout le monde en a fait depuis trois cents ans ; mais personne, que je sache, n'avait songé à les publier, surtout quand elles s'attaquaient à un homme connu, et dont la figure demandait quelque respect. Voici donc un atelier de sculpteur dans lequel les élèves font mutuellement leurs charges, et parmi ces élèves il en est un qui réussit merveilleusement à contrefaire ses camarades. On se groupe autour du malin portraitistes, on rit à se tordre, on demande en grâce des épreuves de cette excellente plaisanterie. Survient un homme du monde, un de ces hommes qui rêvent d'être artistes, qui donneraient tout leur avoir pour vivre de cette joyeuse vie d'artistes, qui ne se croient pas artistes, si l'on n'a pas fait leur *charge*. « Oh! M. Dantan, par grâce, faites aussi ma charge! » Et M. Dantan, qui est honnête et complaisant, obtempère au désir de l'homme du monde. Observez l'effet de cette charge qui pénètre et se répand dans le monde :

voyez-la comme un brandon allumer toutes les imaginations. Quel heureux détour pour arriver à la célébrité ! quel moyen de faire parler de soi! M. Dantan ne peut plus suffire aux demandes : il laisse là les bustes sérieux pour les caricatures.

Tout cela allait bien pourtant jusqu'au jour où un malencontreux marchand s'est avisé d'exposer les charges de M. Dantan derrière les carreaux d'une boutique, où la foule a pu voir toutes les célébrités de l'époque traduites en monstruosités grotesques; où tous ces visages, dont le devoir, en quelque sorte, est de se présenter avec une contenance grave et simple, se sont mis à se tordre, à grimacer, à faire les *graciosos* comme des saltimbanques; où la beauté elle-même, accoutumée sur le théâtre à ravir les cœurs, a voulu paraître laide, ignoble et étique. Vous n'avez pas tout fait, M. Dantan ; le plâtre n'est pas une matière assez durable pour vos ouvrages ; coulez en bronze vos caricatures, enfouissez-les dans un coin de terre ignoré, pour que, dans mille ans d'ici, quand le monde se demandera quels étaient les traits d'un Hugo ou d'un Rossini, l'antiquaire d'alors tire de son musée vos *grylles* corrodés par le temps, et puisse dire : Voilà comment, au dix-neuvième siècle, les Français honoraient les hommes de génie!

M. Dantan a bien fait de modeler ses caricatures, puisqu'on les lui a demandées; il a bien fait de les vendre, puisqu'on les lui achète; ces caricatures sont excellentes, puisqu'elles font rire. Mais ce qui me révolte, c'est ce hideux raffinement de la vanité, c'est cette disposition qui nous fait perdre tout notre sérieux sans que nous en soyons moins triste d'un atome : il n'y a rien dans le monde qui me cause plus d'humiliations, comme Français, que la collection des caricatures de M. Dantan. L'artiste a-t-il au moins tiré de ces charges si répandues et si applaudies un profit pour l'avancement de son talent? Hélas ! non. Les portraits exposés cette année sont inférieurs à ceux de 1831. La naïveté a disparu, et la science ne s'est pas montrée : M. Dantan a épuisé dans ses caricatures toute la vie qu'il pouvait mettre à ses ouvrages sérieux. Il s'est habitué à tout voir pauvrement, sèchement; ses modèles, quand ils ne grimacent pas, dorment ou s'ennuient. Hérold, dans son buste, est plus mort que dans sa bière; le portrait de Julie Grisi est un crime de lèse-beauté. C'est que la caricature de M. Dantan est toujours superficielle; c'est qu'il n'attaque jamais, dans le visage qu'il imite, le sentiment intime de la construction : la nature l'avait fait plus mime que sculpteur ; il n'est déjà plus assez mime dans ses portraits sérieux.

M. Chaponière me semble avoir abordé avec bien autrement de succès que M. Dantan la sculpture familière. Ses petits portraits en pied sont composés avec goût et exécutés avec finesse. Il y a souvent de la sécheresse dans les plis, et de la la raideur dans les étoffes ; mais la nature est toujours bien vue et rendue dans un sentiment qui n'exclut pas la noblesse. Le buste en marbre français de M. Dureau-Delamalle reproduit ces qualités sur une plus grande échelle. L'exécution seulement demanderait plus de largeur. Le meilleur ouvrage que M. Chaponière ait exposé cette année, c'est le buste de M. le duc de Nemours. La jeunesse et la complexion délicate du modèle offraient les plus grandes difficultés : M. Chaponière les a surmontées avec bonheur. La tête est vivante et spirituelle, sans cesser d'être tendre et pour ainsi dire laiteuse. Il a fait une qualité de ce qui, chez d'autres sculpteurs, par exemple dans le portrait de M. de Sainte-Aulaire, par M. Jaley, est un grave défaut.

J'aurais du bien à dire de *la Prière*, jolie figure

d'étude de M. Jaley; de *l'Ulysse* de M. Bra, du *Charles-Martel* de M. Gechter, des imitations de la renaissance de M. Feuchère; même de *l'Ange Gardien* de M. Desbœufs, malgré la prétention et l'obscurité de la composition. Je reviendrais avec plaisir sur *la Force* de M. Dumont, excellente figure architecturale; mais le temps et l'espace me pressent, et j'ai encore deux noms bien importans à enregistrer, celui de M. David et celui de M. Pradier.

M. David tient rigueur au public, je ne sais pourquoi. D'un nombre de bustes, de médaillons et de statues qu'il a exécutés depuis deux ans, nous ne voyons apparaître que le buste de M. Boulay de la Meurthe. C'est peut-être assez pour la réputation du statuaire; c'est trop peu pour les jouissances des admirateurs de M. David. Il n'est personne qui professe des sentimens plus favorables que les miens au talent de cet artiste. J'aime cette manière de mettre en dehors le type caractéristique des hommes, d'insister sur leurs traits distinctifs, d'agrandir le modèle de tout ce que l'imagination lui prête de puissant et d'original. Cette tendance ne peut égarer le sculpteur, lorsqu'il s'appuie sur une science positive. Seulement il arrive à M. David d'exagérer quelquefois le diapazon de certains personnages, de faire dire à des têtes ordinaires tout autant qu'à celles qui respirent le génie ou réflètent un grand caractère. L'ouvrage exposé cette année n'est pas exempt de ce défaut. Le travail du ciseau, quoique conduit avec une habileté merveilleuse, a dans quelques parties, et surtout dans le front, de la dureté, et j'oserais presque dire de la prétention.

Ce dernier reproche, M. Pradier ne l'a jamais encouru. Il serait difficile de trouver un statuaire qui obéit plus naturellement que lui à son organisation. Le *Cyparisse* de cette année se distingue par ces qualités simples et fortes, et, à vrai dire, j'aurais dû le comprendre dans l'article précédent, si le maître n'avait pas déjà fait sa réputation par d'autres ouvrages. On ne peut refuser à M. Pradier une largeur de manière qui manque entièrement à la ravissante figure de M. Rude. La partie supérieure du Cyparisse, ses bras, l'emmanchement du cou et des épaules, le léger effort de la poitrine, tout cela me semble admirablement rendu. Ce que je reprocherais à cette statue, c'est le défaut d'une harmonie générale de complexion, d'âge et de tempérament. Il est évident, par exemple, que les jambes du Cyparisse sont d'une nature trop robuste pour le haut du corps. La tête n'est ni celle des bras ni celle des jambes ; les cheveux manquent d'un accent particulier ; ce sont les cheveux de toutes les figures que M. Pradier a exécutées, depuis *Prométhée* jusqu'à *Vénus*. Or, ce reproche de désaccord dans les différentes parties d'une statue, M. Pradier ne l'a pas seul mérité. Je ne connais, en fait d'ouvrages contemporains, que la figure de M. Rude où cette loi solennelle de l'art antique soit observée avec fidélité.

M. Pradier non plus n'applique pas une méditation assez sérieuse à la composition de ses ouvrages. On comprend Cyparisse pleurant son cerf, comme dans la jolie statue de Chaudet ; ou Cyparisse abaissant une branche d'arbre pour donner à brouter à son animal favori. Mais que le jeune berger rompe avec effort une branche, comme si le jeune faon devait en manger le bois; que l'animal reste couché avec indifférence entre les jambes de son maître, dans un moment qui intéresse si directement sa friandise, ce sont là des fautes de mœurs que l'art ne doit jamais se permettre, à peine de n'être pas compris, de ne pas exciter cette attention que réclame une action simplement conçue et simplement imitée.

Je pense que si M. Pradier se jugeait avec plus

de sévérité dans ses esquisses, il exercerait une attraction plus grande sur le public ; de statuaire apprécié et admiré par les connaisseurs, il deviendrait un artiste populaire, ce qui en définitive est l'objet de l'ambition plus ou moins déguisée de tous les artistes.

CHAPITRE VII.

Paysage. — MM. Rémond, Gué, Jolivard, Paul Huet, Dagnan, Van-Os, Leblanc, Périn, Perrot, Turpin de Crissé, E. Isabey, Roqueplan, Tanneur, Aligny, Corot, Delaberge, Rousseau, Cabat, Jules Dupré.

Tout le monde convient que la peinture à l'exposition de cette année n'est pas ce qu'elle pourrait être ; l'absence de certains noms devenus influens sur l'opinion se fait vivement sentir, et surtout la peinture facile, la peinture de touche et d'effet, la peinture de *chique*, comme on dit, soutient vigoureusement la lutte contre la peinture de conscience, de vérité et d'imitation. Or, comme la conscience produit peu et lentement, sa rivale l'étouffe sous le nombre de ses improvisations, et le public peut croire un moment que l'art de convention, déconfit à la fin de l'exposition dernière, est au moment de prendre une revanche éclatante. Cela ne sera pas sans doute ; car si cela était, il faudrait désespérer à jamais de la peinture, et je suis encore de ceux qu[i] n'en désespèrent pas.

Quoi qu'il en soit, le paysage seul continue s[a] marche progressive; les talens annoncés naguèr[e] accomplissent leurs promesses; de nouveaux ta[-] lens surgissent, empreints des qualités les plu[s] remarquables; nous trouvons là, sinon un ar[t] complet, au moins le principe d'un heureux dé[-] veloppement. Pour la première fois, depuis l[e] commencement de ce salon, j'éprouve en écri[-] vant un embarras sérieux de richesses.

En parcourant les salles de l'exposition, vou[s] observerez une chose singulière : les homme[s] qui, à diverses époques, ont marqué dans le pay[-] sage, semblent avoir fait des efforts extraordi[-] naires pour garder leurs anciens rangs; M. Bi[-] dault n'a exposé qu'un très petit ouvrage; mai[s] M. V. Bertin, dans un grand paysage de style s'est montré aussi heureux de lignes, aussi sim[-] ple d'ajustement qu'il n'a jamais été, avec peut[-] être plus de souplesse et de fraîcheur; M. Wa[-] telet n'a pas réussi dans l'effet général de sa *Vue de Savoie;* mais si vous étudiez à part ses eaux, ses arbres et ses fabriques, c'est la même main qui, après les fadeurs de l'Empire, réussit un moment à éblouir tous les yeux; M. Renoux, M. Ri[-] cois, M. Lapito, plus jeune je pense que les précédens, mais digne de figurer avec eux, se pressent autour de M. Rémond, et mettent en jeu pour nous séduire toutes les recettes de l'atelier. M. Rémond lui-même expose deux ouvrages, la *Vue de Borghetto* et celle du *Pont de Crévola*, avec lesquelles, il y a six ou sept ans, il eût fait jeter des cris d'admiration. La destinée de M. Rémond n'a pas été heureuse : supérieur sous certains rapports à Michalon, à une époque où contester la supériorité de Michalon eût passé pour blasphème, il n'arrive à régner seul qu'après que d'autres prétendans plus légitimes ont envahi le trône : son habileté supérieure, son sentiment des lointains et de la lumière, sa facilité à couvrir une grande toile, ne lui sont plus comptés pour rien : entre ces deux puissances, l'usurpation de Michalon, et le règne d'Aligny qui se prépare, il n'a trouvé qu'un tout petit moment pour briller seul : maintenant il lui faudrait prendre un parti bien violent pour rattrapper les autres dans la bonne voie, pour mériter un autre renom que celui d'une habileté malheureuse et d'un talent fourvoyé.

Mais, outre qu'il représente les idées mortes de Michalon, M. Rémond représente aussi l'école facile par opposition à l'école consciencieuse, et sous ce rapport il trouve dans les rangs opposés des auxiliaires inattendus ; renvoyons-lui M. Giroux qui, après des études d'Italie admirées partout le monde, s'est mis peu à peu à monter sa gamme de lumière au point d'en arriver à un effet jaune, faux et criard, qui absorbe toutes les autres qualités du peintre, et rend insensible à ce que son modèle conserve de mérite ; renvoyons-lui M. Gué, non pour la *Cathédrale d'Alby*, qui le dispute aux meilleurs tableaux de l'exposition dernière, mais pour la grande vue du *Puy-en-Velay*, incertaine de lumière, lâchée presque partout de modelé, mais pour le *Coup de vent de la vallée de Chevreuse*, pour cette quantité d'aquarelles pesantes et forcées d'effet, pour les démentis multipliés que ce peintre nous donne au bien que nous avions cru pouvoir penser de son talent.

Que M. Smargiassi se tienne aussi sur ses gardes. Personne ne lui refuse une qualité bien rare, une qualité toute napolitaine, l'art de rendre les effets de soleil ; mais ses tableaux sont faits trop vite, et en cédant à la facilité, on a deux écueils à choisir, le vide ou la pesanteur. Garde à vous, M. Jolivard ! Votre lumière ne gagne pas en charme ; vos arbres deviennent plus rabougris, plus tortillés qu'à l'ordinaire, votre feuillé est métallique ; un pas de plus seulement et votre ruine est certaine ; je reconnais pourtant de beaux lointains dans votre *Grande vue des environs de Paris*.

Heureusement pour nous, si nous voyons quelque promesse de talent se démentir, d'autres talens tendent à se dégager de la corruption et de la manière. M. Paul Huet a exposé une *Vue de la ville de Rouen* remplie des qualités les plus remarquables ; le choix du site, la disposition des lignes, méritent de grands éloges : le ciel a de la transparence, du mouvement, une véritable largeur d'effet. Les falaises blanches qui longent la Seine à gauche du spectateur sont rendues avec finesse et vérité ; le brouillard qui enveloppe la ville est peut-être un peu exagéré ; on voit que M. Huet s'est laissé préoccuper de la pensée de faire valoir les monumens aux dépens des habitations particulières ; c'est là l'idée poétique de Rouen, mais ce n'est pas l'aspect vrai de cette ville, quand on se place de manière à avoir devant soi les maisons du faubourg Cauchoise. Ce qui me semble tout-à-fait défectueux chez M. Huet, ce sont les premiers plans : ici se manifeste un vice capital, le manque de science; nous voudrions que M. Huet partageât notre conviction à cet égard; aux efforts qu'elle lui inspirerait sans doute, la France devrait un grand paysagiste.

Parmi les hommes dont les progrès sont sensibles, nous devons mentionner aussi M. Dagnan: la vue de *la forêt de Compiègne*, exposée dans le grand salon, a de la finesse et de la fraîcheur. M. Dagnan a fait sur les bords de la Méditerranée des études dont les résultats ne sont pas tous également heureux; mais je pense que si l'on plaçait dans un bon jour la vue de la *rade de Marseille* que j'ai déterrée dans le coin le plus obscur de l'extrémité de la galerie, on reconnaîtrait à M. Dagnan le mérite d'avoir bien rendu l'effet huileux de la mer calme à distance, et la vapeur engourdie du matin. Les progrès de M. Dagnan sont remarquables en ce sens qu'il gagne en même temps comme exécution et comme imitation. Les *forêts* de M. Van-Os sont aussi meilleures qu'à l'exposition dernière: le système de ce peintre est singulier et tout-à-fait à lui. A regarder de près, c'est une maladresse et presque une grossièreté choquantes; à trois pas vous trouvez de la lumière et de l'illusion;

c'est le principe de la décoration théâtrale appliqué à une toile de deux pieds.

La préoccupation de M. Leblanc est tout-à-fait opposée à celle de M. Van-Os : M. Leblanc tient surtout à rendre avec exactitude et une certaine finesse de dessin les premiers plans de son tableau. Il en résulte de la dureté et peu d'accord dans l'effet général. Les ouvrages de M. Leblanc n'en sont pas moins précieux à étudier pour nos jeunes paysagistes.

Un genre que l'on peut regarder comme l'appendice du paysage a pris depuis quelque temps un développement remarquable, c'est celui des vues où l'architecture joue le premier rôle. M. Périn, qui semblait le plus spécialement désigné par la nature pour réussir dans ce genre, mais qui l'a presque dédaigné pour les travaux pénibles de l'histoire, a exposé quatre petites vues de Rome dans un seul cadre. Le ton de ces tableaux est un peu froid, mais la finesse de la touche et le sentiment du dessin y sont au-dessus de tout éloge. Un vrai chef-d'œuvre aussi, c'est la *vue de l'église de la Spina à Pise*, par M. Perrot. Il y a dans ce petit ouvrage de quoi satisfaire et le peintre qui demande un effet et une perspective justes, et l'architecte qui s'attache à la pureté des détails, à la manière dont chacun des ornemens est compris. M. le comte Turpin de Crissé, paysagiste d'un grand mérite, et qui, peut-être mieux que tous nos contemporains, a rendu la nature fine et élégante du golfe de Naples, s'est exercé cette fois avec un succès remarquable dans une carrière que la perfection de Canaletto semblait devoir fermer aux autres peintres, et dans laquelle néanmoins Bonington a su trouver des effets nouveaux. M. Turpin de Crissé n'a ni la hardiesse de Bonington, ni surtout la merveilleuse transparence de Canaletto; mais il voit Venise sous un aspect simple et poétique qui lui appartient tout entier. Son architecture est fine, ses barques bien dessinées, ses eaux reflètent heureusement la lumière. M. Turpin de Crissé confond victorieusement l'opinion de ceux qui, tout en convenant du mérite de sa peinture, assignaient néanmoins des bornes étroites à l'horizon de son talent. Je citerai encore, comme finesse de touche et vérité d'effet, une vue d'une *mosquée d'Alexandrie,* par M. Lehoux. Heureux qui peut garder de si bons souvenirs de ses lointaines excursions !

La marine ne vaut pas cette année la peine qu'on s'en occupe longuement. M. Gudin est absent, et n'a rien envoyé. M. Crépin, quoique meilleur qu'aux expositions précédentes, ne se relève pas complétement. M. Garneray se dégoûte de sa manière vraie et simple, pour imiter M. Isabey. M. Gilbert reprend en sous-œuvre, et non sans quelque bonheur, la manière dédaignée par M. Garneray. Quant à MM. Isabey et Lepoitevin, c'est entre eux une émulation singulière. Au premier il ne demeure que la puissance de l'effet, et la magie de la touche ; du reste, on ne retrouve plus rien dans ses tableaux qui ait forme humaine, ni les fabriques, ni les bâtimens, ni le ciel, ni les flots. Pour M. Isabey, l'imitation est une folie, les lois de la perspective une puérilité. M. Lepoitevin prend la peinture où M. Isabey l'a conduite ; il renchérit sur toutes les suppositions de son modèle, il se plonge dans le fantastique, dans l'inimaginable ; ce seraient des vues de la lune, que je ne serais pas plus étonné. Je ne puis parler de cette peinture ni tranquillement ni impartialement ; elle m'humilie, m'épouvante ; il me semble que je manque d'yeux et de jugement ; si M. Lepoitevin a raison, il est certain que Dieu a tort. Le seul homme qui, cette année, m'oblige à le prendre au sérieux dans le genre de la marine, c'est M. Tanneur. Ses soleils couchans sur la mer et les lacs sont bien toujours empreints de cet effet vague et gras, qui charme tant de gens sans jamais avoir produit sur moi la moindre impression. Mais sa *Plage à marée basse* est un tableau fin, bien dessiné, digne d'un pinceau hollandais de la bonne époque. M. Tanneur doit comprendre enfin que l'exactitude et la recherche des détails n'excluent pas la poésie dans un artiste bien organisé.

J'en demande pardon au lecteur, que cette kirielle de noms propres doit excéder; mais je manquerais à ma conscience de critique (et qui n'a pas sa conscience, même le critique?) si j'omettais de mentionner ici les *vues de Venise* de M. Justin Ouvrié, et celles *d'Agrigente* par M. Loisel; les paysages durs et brossés, mais accentués de M. Mercey; M. Mozin, qui est à M. Lepoitevin ce que ce dernier est à M. Isabey; M. Malbranche, qui songe à imiter M. Gué, quand M. Gué pense à n'être plus lui-même; M. Régnier, qui conserve la mélancolie de ses anciens ouvrages, tout en gagnant chaque année en variété de touche et en justesse d'effet; M. André, qui nous prouvera au prochain salon si c'est Ruysdal ou la nature qui l'ont bien inspiré cette fois; M. Goureau, qu'un caprice de l'avenir peut placer haut, si le temps détruit les ouvrages d'une demi-douzaine de ses contemporains pour ne conserver que les siens ; M. Villeneuve, qui sommeille; M. Joly, qui ne trouve la vérité de l'effet qu'à mille toises au dessus du niveau de la mer; Mme Empis, qui entend bien le dessin des arbres, et qui gagnera complétement son procès quand elle ne prendra plus la crudité pour la fraîcheur; Mlle Caillet, qu'on dirait la sœur de M. Mercey ou la cousine de M. Jadin ; Mme de la Ferrière, qui peut réussir, parce qu'elle possède une qualité rare, la lumière; et surtout Mlle Sarazin de Belmont, dont j'aurais plus longuement parlé si je n'avais craint d'affliger son beau talent par l'analyse des défauts de composition que renferment ses *vues de Syracuse, de Taormine et de Grotta-Ferrata*. Mlle Sarazin est encore une preuve de la distance qui existe entre d'excellentes études et un bon tableau. Six peintres de paysages me paraissent cette année réclamer un examen plus attentif : ce sont MM. Aligny et Corot, d'une part, MM. Delaberge et Rousseau, de l'autre, et comme débutans MM. Cabat et Jules Dupré.

On se rappelle l'effet que produisit au dernier salon la vue prise dans les grès de Fontainebleau par M. Ed. Bertin. M. Aligny a puisé dans le même site le sujet de son principal tableau de cette année. M. Corot s'inspire aussi de la forêt de Fontainebleau. Ces trois hommes qui cherchent avec une si louable persévérance le style et la grandeur des lignes, semblent s'être accordés aussi pour démontrer qu'il ne fallait pas aller si loin de nous pour trouver des motifs d'inspiration égaux à ceux que fournit la nature méridionale. A mon sens, ils n'ont prouvé qu'une chose, c'est qu'en cherchant bien, et dans une localité circonscrite, on pouvait découvrir dans nos environs d'aussi beaux premiers plans qu'en Italie, sauf la couleur des terrains. Mais pour les lignes de montagne, pour les horizons de lac et de mer, il n'est pas au pouvoir de ces habiles artistes de transformer la nature qui nous environne, de l'enrichir de ce qui lui manque essentiellement. Un homme qui voit noblement sait extraire des beautés inconnues d'une nature ingrate : mais les différences, les oppositions de pays n'en sont pas moins certaines. Il y a de beaux et de vilains pays; il y a surtout des pays qui sont types d'un certain genre de nature, et quand on n'a pas étudié le type, on ne sait pas jouir des analogies qui se rencontrent ailleurs. Certainement si MM. Aligny, Bertin et Corot n'avaient pas visité l'Italie, ils n'auraient pas vu la forêt de Fontainebleau comme ils l'ont vue et rendue.

Quelle que soit la communauté des idées qui dirigent ces trois peintres, on doit remarquer entre eux des différences essentielles. M. Corot, cette année, incline au familier. Son horizon est bas et sans recherche de lumière; ses figures sentent l'étude des Flamands. Le dessin de ses arbres est plus vrai et plus varié que chez son modèle ordinaire; ses eaux sont transparentes comme dans un Ruysdal. On retrouve le peintre de style dans l'étude large des terrains, dans la belle et sévère disposition des premiers plans. Le chemin montant à gauche du spectateur produit la plus agréable illusion. Si M. Corot empâtait moins ses fonds et cherchait à se débarrasser d'un ton gris qu'il partage avec M. Ed. Bertin, il me semble qu'il arriverait bien près du but. Tel qu'il est, le tableau de M. Corot me semble le paysage le plus complet de l'exposition de cette année.

M. Aligny, plus fort, plus lumineux, plus maître que M. Corot, M. Aligny, le vrai chef de la reforme du paysage, n'est pas arrivé cette fois à la réussite d'ensemble que nous lui souhaitons depuis tant d'années. Nous croyons qu'il s'est trompé sur l'effet de ses premiers plans. Il serait difficile, pour ne pas dire impossible, de trouver au monde des grès d'une teinte à la fois si grillée et si vineuse. Ses figures sont aussi trop grandes; elles manquent de grace et d'intérêt. Mais ce qui me paraît admirable, c'est le fond de son paysage, c'est la simplicité avec laquelle l'azur du ciel repose sur les arbres, et s'harmonie avec les terrains extrêmes. Ou je me trompe fort, ou c'est là l'œuvre d'un grand maître.

Vous trouverez aussi des intentions merveilleuses dans le paysage de Suisse que M. Aligny a exposé. Jamais, jusqu'à ce jour, la nature de ce pays n'avait été vue sous un aspect à la fois plus calme et plus grandiose. Mais ce n'est pas le tout que d'être poète, d'abstraire avec puissance l'effet général, de faire parler aux arbres, aux montagnes, à la prairie elle-même un langage élevé. Il faut ne pas brusquer l'imitation, il faut sentir à part chacun des détails; il faut observer religieusement la loi de la dégradation des plans; il faut surtout varier les arbres, et ne pas croire qu'il n'y ait qu'un arbre pour chaque chose, l'arbre du style sévère, l'arbre de la grace, l'arbre de la Suisse, l'arbre de l'Italie. Je crois d'autant plus fermement que M. Aligny se trompe sous ce dernier rapport, que je suis plus frappé de sa supériorité sous tous les autres.

Quand M. Aligny a commencé la peinture, la tyrannie des détails et de la touche tuaient le paysage; M. Aligny s'est raidi avec une force incroyable contre l'entraînement des détails et la séduction de la touche. Voici venir un homme qui attaque par un autre côté l'école de Michalon. M. Delaberge a foi aux détails : mais pour lui chaque trait, chaque nuance est l'objet d'un examen sérieux; tout ce qui est adresse, escamotage, convention, il le rejette avec le même courage que M. Aligny : mais à la différence de ce maître, il ne croit pas à la nécessité de l'abstraction. La foi intime de M. Delaberge, celle qui résulte des parties les plus belles comme les plus imparfaites de ses ouvrages, c'est que l'imitation peut tout aborder; c'est que tout ce que l'œil conçoit est susceptible d'être traduit par le pinceau; que le fini n'est mauvais que quand il nuit à la vérité d'ensemble; qu'accorder la vérité d'ensemble avec l'extrême fini, c'est là le but que l'art du paysage doit se proposer. M. Delaberge veut qu'un tableau vous saisisse à distance, et que vous puissiez ensuite en

étudier à la loupe les imperceptibles détails. Cet[te]
pensée, effrayante en théorie, M. Delaberge [la]
réalise presque dans son tableau de cette anné[e].
Doué d'une qualité de vision extraordinaire da[ns]
un Français, et d'une fermeté de ton qui n[e]
s'est encore rencontrée dans aucun de nos com[-]
patriotes, notre jeune peintre creuse la peintu[re]
avec une force et une persévérance qui rappe[l]lent et surpassent en quelques parties les pl[us]
habiles Hollandais.

Quelques personnes, étonnées de rencontr[er]
ces qualités chez un contemporain, affectent [de]
ne voir dans M. Delaberge qu'un adroit imitate[ur]
des Hollandais, qu'un homme qui étudie la natu[re]
à travers les souvenirs des maîtres. Ainsi, suiva[nt]
les mêmes personnes, M. Delaberge transport[e]rait à la nature ce ton brun que les tableau[x]
des maîtres ne doivent qu'à l'action du temp[s].
D'abord il me semble difficile de détermine[r]
jusqu'à quel point certains tableaux hollandais[,]
composés d'après les procédés les plus exacts
et avec des couleurs excellentes, ont subi l'ac[-]
tion du temps; les Vander-Heyden comme le[s]
Terburg me paraissent exactement dans l'ét[at]
que le peintre a voulu. Et puis il n'y a rien su[r]
quoi l'on doive moins discuter que la différenc[e]

de la vision : on ne peut douter que chacun ne perçoive les objets avec une teinte particulière; or celle de M. Delaberge est certainement brune, comme celle de M. Gros est jaune et rosée, comme celle de M. Ingres est grise, comme celle de Girodet était verte; c'est le cas de le dire : *Gaudeant bene nati*. M. Delaberge d'ailleurs a trop de scrupules, un sens trop juste dans l'imitation, pour que le reproche de pastiche puisse lui être appliqué. Tout pastiche porte sa peine; il est toujours et nécessairement plus lâché que le modèle. Ce n'est pas par là que pèche M. Delaberge; son erreur est d'abord d'attaquer toutes choses avec la même force, de ne pas se rendre compte de la dureté relative de différens objets, dureté qui se reflète nécessairement dans leur aspect extérieur. Ainsi dans la nature une masse de feuillé est plus molle à l'œil que la terre; la terre plus molle qu'un rocher, etc. Chez M. Delaberge, la dureté des objets est presque uniforme, et sans nuire à l'harmonie d'aspect, elle tombe parfois dans le métallique. Son plus grand défaut, selon moi, est de ne tenir aucun compte de la nécessité d'abstraire certains détails. M. Delaberge s'apercevra bientôt qu'il est des choses, telles que les feuilles des arbres, qu'il est impossible à l'art de rendre exactement, pour lesquelles il faut prendre un parti. Vous ne trouverez pas un Hollandais qui ait professé sur le feuillé des arbres l'opinion que M. Delaberge paraît avoir conçue.

M. Aligny et M. Delaberge, placés aux deux extrémités de la peinture, me paraissent avoir une grande analogie, en ce sens qu'ils cherchent la vérité avec la même force de volonté. Mais leurs moyens sont différens, et chacun les exagère. Si M. Aligny s'interdisait plus souvent l'abstraction, si M. Delaberge se la permettait quelquefois, nous aurions, je pense, deux paysagistes à défier tous les temps et toutes les écoles. La différence du style entre ces deux hommes est bien moins essentielle qu'on ne se l'imagine. Quand on a un sentiment aussi naïf que M. Delaberge, quand on saisit le mouvement et le geste avec un accent si sérieux, on doit croire qu'une nature plus grande et plus noble agrandira et anoblira nécessairement un talent ainsi dirigé. Le style n'existe pas *à priori*, et indépendamment des choses ; le style c'est ordinairement l'aspect le plus vrai et le plus intime des choses elles-mêmes.

M. Rousseau avait exposé au dernier salon un

paysage dont je n'ai pas parlé, parce qu'on n'y trouvait qu'un pinceau gras, et une assez habile réminiscence des maîtres, sans la moindre impression de naturel. Depuis cette époque, ce jeune peintre a fait des efforts qui viennent d'être couronnés d'un grand succès. La *vue des côtes de Granville* est une des choses les plus vraies et les plus chaudes de ton que l'école française ait jamais produites. Ce tableau est encore mieux vu d'ensemble que celui de M. Delaberge; il y a plus de souplesse, mais aussi plus de convenu dans la manière; l'horizon est transparent, la fabrique à travers les arbres harmonieuse et claire, les terrains des seconds plans admirablement lumineux. Ce qui manque à M. Rousseau, c'est surtout l'étude ; la touche de ses premiers plans est raboteuse et cahotée ; on voit que le jeune paysagiste n'a su comment soutenir la valeur de son tableau. M. Rousseau est encore bien loin du but : mais je ne donnerais pas son avenir pour la carrière complète de vingt de nos paysagistes les plus renommés.

Un peu de M. Decamps, un peu plus encore de M. Jadin (car dans son genre, M. Jadin est un maître) ; beaucoup plus d'Isaac Ostade, ont fait les jolis paysages de M. Cabat, si courus à ce salon. Le mérite de ces tableaux est inégal : l[e] *Moulin* avec un champ de blé, quoique bien pen[sé] sé dans quelques parties, manque d'expérienc[e] comme ensemble : dans le *Marais du Berry* les terrains sont délicieux de touche, mais le[s] arbres n'ont aucune vérité. Le *cabaret de Mon*[t] *souris* me semble un véritable bijou. De la lumière, un ajustement gracieux, des dessou[s] transparens, des figures touchées avec une finess[e] exquise, font de cet ouvrage le chef-d'œuvre d[u] pastiche : mais Isaac Ostade a trop de place dan[s] notre mémoire, pour que nous élevions cette foi[s] M. Cabat au rang de maître original. Nous n'e[n] sommes pas moins convaincus que ce peintre [a] tout ce qu'il faut pour être lui.

Un autre débutant, qui laisse la question plus indécise, c'est M. Jules Dupré. Son paysage avec une haie au milieu, quoique empreint d[u] souvenir de Karle Dujardin, manifeste une touche si juste dans le feuillé, une manière de modeler les terrains si grasse et si puissante, une si heureuse disposition de la lumière, qu'on rest[e] incertain si l'on ne doit pas s'abandonner sans restriction à l'espérance que fait naître ce remarquable début. Le tableau de M. Jules Dupré est très mal exposé : je pense qu'on profitera du remaniement qui doit avoir lieu, pour donner à cet ouvrage une place digne de l'impression qu'il produit sur les artistes; peut-être alors pourrons-nous asseoir une opinion plus arrêtée sur le tableau de M. Jules Dupré.

En résumé, si tous les genres se soutenaient à la hauteur du paysage et de la sculpture, nous chanterions cette année un beau *Magnificat*.

CHAPITRE VIII.

MM. Granet, Decamps, Saint-Evre, de Forbin, Triquetty
Meulien, Dauzats, Cottrau.

J'entends répéter tous les jours, que si chez nous, la peinture de style a déchu depui quelques années, on peut se consoler avec le talens qui fourmillent dans la peinture de genre je crois, pourtant, qu'il faut nous garder d'ac cepter cette compensation avec trop de confiance Quand on ne se contente pas d'effleurer l'exposi tion, quand on en creuse l'examen avec quelqu persévérance, on s'aperçoit que la disette des ta lens supérieurs est la même partout. Nous comp tons aujourd'hui beaucoup de peintres de genre du second ordre, comme, il y a vingt-cinq ans, o comptait beaucoup de peintres d'histoire du se cond ordre. Mais je ne pense pas que l'applica tion d'un plus grand nombre de pinceaux à des sujets réputés plus faciles ait alongé la liste des hommes supérieurs dans quelque genre que ce soit. Tout n'est pas également difficile dans l'art; mais à mesure que le but est plus proche, on exige davantage de celui qui cherche à l'atteindre. C'est une justice distributive que le public exerce avec instinct, et qui rend la condition des peintres de paysages, d'intérieurs, d'anecdotes ou de scènes familières, tout aussi dure que celle des peintres d'histoire.

Certes, si l'on rencontrait dans un tableau d'histoire autant de qualités qu'en présentent relativement les Decamps de cette année, il faudrait se pâmer d'admiration, et pourtant nous ne nous pâmons plus; nous faisons les difficiles, et cela avec toute raison. Nous ne demeurons satisfaits, ni de la finesse de l'intention, ni de la fermeté du ton, ni de l'inimitable accent qui recommande ces jolis ouvrages. Il nous faut une conduite achevée, une vérité absolue, un je ne sais quoi de précieux qui fasse du tablotin un bijou, qui lui donne une valeur inaltérable, comme à un diamant. Sous ce rapport M. Decamps me paraissait en beaucoup meilleure voie en 1827 que cette année. L'*Intérieur d'atelier* le fait seul rentrer dans cette route délicate de son talent. Tout le monde a déjà remarqué ce petit singe qui caresse du bout de la brosse un paysage à la Wateau; tout le monde s'est déjà réjoui de cet autre singe prolétaire, qui, au fond de l'atelier, se penche, en arcboutant les jambes, sur la table à broyer les couleurs; mais ces singes ne sont rien au prix de la pipe suspendue au mur, de la bouteille d'huile grasse, du vase de faïence bleue. Si vous pensez que ce soit une niaiserie d'admirer ces détails, trouvez-moi beaucoup de gens, même parmi les Hollandais, qui aient su les rendre aussi bien que M. Decamps?

Il est un spectacle qui se présente toujours aux ventes publiques de tableaux, et dont beaucoup de nos peintres devraient profiter. Qu'on mette à l'enchère la production la plus indifférente pour le sujet, d'un Metzu ou d'un Mieris, et vous verrez ce monument d'un âge qui n'offre plus avec le nôtre aucune espèce de rapport, exciter une attention passionnée de la part de tous les assistans. Qu'on vende ensuite un tableau d'histoire, un de ces tableaux qui, dans leur temps, ont été admirés, commentés, auxquels l'immortalité a été garantie par cent mille bouches, l'acheteur de profession reste glacé : vous voulez, vous curieux impartial, vous révolter contre cette postérité ignorante, et la louange expire sur vos propres lèvres. Il y a dans ces anciens chefs-d'œuvre, je ne sais quoi de gros, d'incomplet, d'usé, qui vous abat : vous jetez la dernière pierre au maître que les biographies continuent seules à louer; c'est tout au plus si l'on exceptera de cette chance une douzaine de sommités de l'art. Ainsi, à côté de l'immortalité des biographies, il y a l'immortalité des ventes; je n'ose décider laquelle est la plus juste.

La renommée, cette voie surnaturelle, est d'un matérialisme effrayant dans ses opinions; de même qu'elle se soucie, chez les écrivains, moins de la pensée que de la forme, de même, avant d'adopter un peintre, il faut qu'elle sache non s'il concevait grandement, s'il exécutait purement, mais, d'abord, s'il se servait d'une bonne toile, si ses couleurs étaient fines et son *imprimiture* solide ; elle aussi, comme une régente d'université, n'admet dans son sanctuaire qu'à des conditions positives, et d'après des examens d'orthographe et de grammaire. Combien de fois ne vous est-il pas arrivé, dans le coin ignoré d'une église, sur l'étalage crotté d'un brocanteur, de dénicher des tableaux tout aussi riches de pensée, tout aussi heureux d'intention que certains ouvrages vingt ou trente fois couverts d'or depuis le jour de leur apparition? Vous avez déploré le sort du talent méconnu ; vous avez gourmandé en vous-même l'opinion ignorante qui tient si inégalement la balance; mais qu'y faire?

et pourquoi, quand on parcourt une carrière où le présent est si peu de chose et l'avenir presque tout, ne pas se conformer d'avance aux arrêts de la postérité? Quand nous serons trop tentés de jouir du présent, rappelons-nous que la plupart des hommes sont destinés à se survivre à eux-mêmes, et que quand la postérité s'apprête à abreuver d'outrage ou d'indifférence leur mémoire, le plus amer du calice leur est versé pendant leur vie.

Il n'y a rien pourtant dont les contemporains se soient moins souciés que de la durée de leur peinture. Sous ce rapport, l'anarchie qui régnait dans l'art à l'époque de la domination de David, a déjà produit des résultats déplorables. M. Granet a-t-il su mieux échapper que ses compagnons d'école à cette fatalité qui pèse sur toute son époque? L'avenir nous l'apprendra. En attendant, s'il est un de nos contemporains qui réunisse presque toutes les conditions pour échapper à la loi d'oubli qui dévore tant de réputations, c'est à coup sûr M. Granet. Ce maître a déjà en étendue tout ce que l'avenir lui promet en durée. Son nom est, à l'étranger, le plus populaire de notre école. L'Angleterre a son Wilkie; l'Allemagne, son Overbeck; l'Italie voudrait hausser le piédestal de son Camuccini ; mais sitôt qu'il est question de peinture d'intérieur, l'Europe s'accorde pour nommer Granet. Or, d'où vient qu'un homme a su se créer une telle réputation dans un genre en apparence aussi borné que la peinture d'intérieur? Surpasserait-il en finesse et en magie les Stenwich et les Peter-Neefs? Nullement. Aurait-il trouvé l'art de varier à l'infini ses sujets? Les trois quarts des tableaux de Granet représentent des capucins, ou tout au moins des franciscains. Possèderait-il cette pénétration de dessin, cette intelligence de la forme, qui donnent aux moindres détails la vie et l'intérêt des grandes choses? Le dessin de Granet est pesant, ligneux et sans adresse. Tu m'y prends, ami lecteur ; voici un homme non précieux, ni terminé dans le faire des petits tableaux, et que pourtant je proclame destiné à vivre au moins aussi long-temps que ses ouvrages. Je n'en disconviens pas, la supériorité de Granet me paraît un des mystères les plus grands de la peinture. Je vais tâcher de l'expliquer comme je l'entends.

La peinture d'intérieur, telle qu'elle a été traitée jusqu'à Granet, même par les Hollandais les plus célèbres, n'a été qu'une collection de procédés adroits; on avait des recettes pour le jour qui traverse les fenêtres, pour le luisant des marbres et des pierres, pour l'effet des flambeaux sous les voûtes. Je ne connais qu'un ouvrage dans lequel les difficultés de la peinture d'intérieur aient été abordées face à face; c'est la *Prison de Saint-Pierre*, par Raphaël. Dans cette fresque seulement, on s'aperçoit que les jeux de la lumière comprimée ou factice ont aussi leur poésie. M. Granet a vu la peinture d'intérieur dans le sens large de Raphaël; il a compris quel rôle on pourrait faire jouer à la lumière captive, *aux jours de souffrance*, comme le dit, avec une énergie si inattendue, le langage vulgaire. Lancé par David dans la voie d'observation simple et constante qui a fait tous les grands artistes de notre époque, il a créé lui-même tous ses procédés, et les ayant créés, il a pu les varier, suivant l'application qu'il leur donnait.

La manière de Granet a deux caractères principaux, la formule abstractive qu'il emploie avec une sûreté constante, parce qu'il la subordonne à des observations sans cesse renouvelées, et surtout l'habileté merveilleuse avec laquelle il démêle dans chaque ton apparent le ton relatif que lui communiquent les couleurs voisines. C'est l'union de ces deux qualités qui donne à la peinture de Granet ce mélange de rudesse et d'harmonie, cette harmonie que n'affadit jamais la coquetterie des transitions, cette rudesse qui ne dégénère jamais en crudité. Le bonheur de Granet, soyez-en certain, est d'avoir toujours travaillé péniblement ; c'est d'avoir toujours eu besoin de modèle, et d'avoir, par là, connu l'infinie variété des modèles. La rudesse qui vous plaît, malgré vous, dans Granet, ce n'est pas, comme quelques uns pensent, une fausse bonhomie, c'est le certificat de l'observation, c'est la preuve que le maître, toujours préoccupé d'une nouvelle face de l'imitation, n'a pas eu le temps de se polir ; il y a loin de là à la négligence de la brosse et à l'insolence de la pochade. Je crois, néanmoins, que ce défaut (car c'est malgré tout un défaut) ne serait pas pardonné à Granet, s'il ne possédait, indépendamment de sa supériorité comme peintre d'intérieur, une qualité qui n'a jamais appartenu qu'aux plus grands maîtres : cette qualité, c'est la perfection du geste. Sous ce rapport, M. Granet est le premier de nos peintres d'histoire, celui qui dispose des figures dans un tableau avec le plus de simplicité et de sûreté.

Examinez avec attention le premier venu des tableaux de M. Granet, vous serez choqué d'abord de la grossièreté apparente des figures, de la carrure du contour, de la manière gauche avec laquelle les luisans sont posés sur les chairs; mais quand votre œil se sera pénétré de toute la scène, vous commencerez à vous apercevoir que l'intérêt en apparence attaché aux murs, aux accessoires et au jeu de la lumière, émane directement des figures; vous reconnaîtrez en Granet une application étonnante de la naïveté flamande aux sujets graves et si naturellement nobles de l'Italie. *Des moines au réfectoire ou à l'office, un pauvre homme devant un tribunal de police romaine, un cercle calme de religieuses,* vous toucheront par la seule simplicité de la pose et du geste; mais que ce maître, auquel les sujets semblent si indifférens, en aborde un qui porte en lui-même son émotion et sa poésie, que Sodoma, vieux et infirme, hors d'état de tenir le pinceau, après avoir épuisé toutes les faveurs de la foule, se livre comme une proie sans défense aux infirmiers de l'hôpital; que Montaigne et Le Tasse se trouvent en présence dans une cellule de Ferrare; l'un, philosophe égoïste et pour qui le spectacle du génie tombé n'est qu'une leçon dépourvue de sympathie; l'autre fou, comme l'histoire nous l'a peint, trop pour qu'on le condamne et pas assez pour qu'on absolve complétement sa vanité inquiète ; oh! alors, Granet n'est plus le peintre d'intérieur: c'est un maître de la famille du Poussin, c'est un homme à qui l'on permet d'être maladroit, comme on passe à Lesueur d'être décoloré, à Dominique d'être lourd.

Je citerai un exemple tout différent de cette propriété du geste que M. Granet possède à un degré si élevé. M. Saint-Evre, absent à l'exposition dernière, a exposé cette année plusieurs tableaux dont le plus capital représente *Jeanne-d'Arc en présence de Charles VII et de sa cour*; M. Saint-Evre n'a jamais été un peintre ni solide ni sévère. Toutefois, il avait trouvé pour ses premiers ouvrages, et surtout pour son *Inès de Castro*, une harmonie de ton qui n'était pas, il est vrai, celle de la nature, mais qui n'en exerçait pas moins sur l'œil une grande séduction. Aujourd'hui, M. Saint-Evre a fait des efforts pour arriver à la forme, et chemin faisant il a oublié l'harmonie, le tempérament de ses précédens ouvrages; dans la *Jeanne-d'Arc*, par exemple, il n'a trouvé d'autre moyen, pour détacher ses figures les unes sur les autres, que de les encadrer dans une bordure blanche qui dessine comme une auréole autour de chaque tête. D'où vient pourtant que la *Jeanne d'Arc* de M. Saint-Evre attache l'esprit, quelque peu satisfait que soit le regard? Ce n'est pas la beauté des têtes, la finesse du dessin, la rigueur du costume; c'est, avant tout, la parfaite convenance du geste de ces nombreuses figures. Vous avez là soixante personnes qui écoutent, et dans chacune la différence de l'âge, de la profession et du tempérament est observée avec justesse. Il en résulte je ne sais quoi de reposé, de réel, qui efface pour un moment toutes les imperfections du tableau. Jugez quel doit être l'effet de cette qualité quand elle se rencontre, comme chez M. Granet, avec plus de sérieux encore, une couleur admirable et un dessin qui, bien que lourd et sans grace, a pourtant une grande vérité d'intention?

Outre deux petits tableaux dans lesquels on retrouve les mérites que j'ai essayé d'analyser, M. Granet a exposé cette année un grand ouvrage dont j'ai déjà plusieurs fois entretenu mes lecteurs, et qui représente les *Pères de la Rédemption rachetant des esclaves à Tunis*. C'est la première fois, peut-être, que nous voyons

M. Granet traiter un sujet entièrement d'invention, un sujet dans lequel le local, au moins, ne soit pas traduit directement de la nature. Il a fallu, à un homme ordinairement si esclave de l'imitation, qu'il acquît une somme bien rare d'expérience, pour produire de jet et d'imagination une œuvre qui, sous de certains rapports, surpasse ses plus excellentes productions. Ainsi, jamais chez l'auteur du *Stella* les figures n'ont été si fines et si terminées, jamais le jeu de la lumière sur les armes et les étoffes n'a été rendu avec plus de richesse; jamais tableau n'a été conduit d'un bout à l'autre avec tant de sûreté et de perfection. Sous ce rapport, M. Granet a touché le but qu'il se proposait; il fascine le spectateur, il l'empêche (à moins que ce ne soit un critique de profession, et je vous demande si c'est pour nous autres critiques que les tableaux sont faits), il l'empêche, dis-je, de s'appesantir sur les détails des figures, de se demander pourquoi les Tunisiens sont assis d'une manière si peu conforme aux habitudes orientales, pourquoi le captif à genoux se permet un geste théâtral, si contraire aux habitudes de M. Granet, pourquoi, dans cette foule qui encombre la porte, il est si difficile de distinguer les jambes et les bras de chacun.

Il m'a fallu bien du mal pour relever ces miséres, et je ne me sais, après cela, aucun gré de ma peine. La conviction que me laisse ce tableau, conviction consolante pour tous ceux qui, comme moi, ont une prédilection pour le talent de Granet, c'est que ce maître n'a pas, comme on l'avait cru, un besoin absolu de l'Italie pour produire de beaux ouvrages. Jusqu'à présent, le ton des ouvrages de M. Granet était un mesureur exact de l'humeur du peintre et de son goût pour le pays qu'il habitait dans le moment de son travail. Les tableaux de Rome étaient clairs et lumineux; ceux de Provence, verdâtres et plus faibles, ceux de Paris, gris et tristes; le *Rachat des captifs*, quoique achevé au milieu de nous, est aussi fort de ton qu'aucune chose que M. Granet ait peinte en Italie.

M. de Forbin, d'ordinaire, conserve beaucoup mieux que M. Granet l'impression des pays qu'il a quittés; cela tient, sans doute, à ce que sa couleur est à la fois plus brillante et plus factice que celle de son ami. Avec une prédilection commune pour le même genre de sujets, il est difficile de voir une différence plus marquée que celle qui existe entre ces deux peintres dans la manière de sentir la nature. M. Granet dispose la lumière par parties nettes et tranchées; M. de

Forbin aime la vapeur, les transitions, et ne redoute pas toujours les reflets nacrés. M. Granet cherche la simplicité dans les figures; M. de Forbin ne croit jamais leur donner assez de richesse et d'étrangeté. Pour la manière de concevoir les sujets, M. de Forbin a des rapports avec l'école poétique et pittoresque des Anglais; il voit l'Orient à travers un prisme grossissant; le *Bazar du Caire*, dans lequel il nous transporte cette fois, a, comme échelle et comme disposition, toute l'emphase des compositions de Martyn. Au reste, il nous semble difficile de pousser plus loin la magie des demi-teintes que M. de Forbin ne l'a fait dans cet ouvrage. C'est évidemment un de ses meilleurs tableaux; si ce n'est pas son chef-d'œuvre.

Je citerai aussi comme un bel exemple de peinture d'intérieur, la *Valentine de Milan* de Triqueti. Je n'aurais pas grand bien à dire des figures qui ornent ce tableau; mais le fond et les accessoires me semblent pleins de charmes, de solidité et d'harmonie. En général, c'est un bon symptôme dans l'école, que la manière dont l'œil s'habitue aux tons forts et nourris; ce devrait être là, pour M. Bouton, matière à des réflexions sérieuses. La *Vue de la cathédrale de*

Chartres que ce peintre a exposée, ressemble plus à l'intérieur d'une huître qu'à celui du plus sombre et du plus majestueux des édifices français ; il est fâcheux de voir la direction que M. Bouton a donnée à un talent aussi distingué que le sien.

Il faut aussi remarquer dans un tableau singulier, quoique non dépourvu de mérite, de M. Meulien, un effet d'intérieur bien observé et bien rendu. Quant à M. Dauzats, sur lequel nous nous sommes permis en passant une plaisanterie dont le sens n'aura peut-être pas été compris, nous pensons qu'il lui faudrait peu d'efforts pour s'élever au dessus de ses plus habiles confrères, MM. Jorand, Lesaint, Renoux, et bien d'autres dont les noms m'échappent.

Quand nous avons dit que M. Dauzats appartenait à l'école *pluviale*, nous n'avons pas voulu dire, par là, que M. Dauzats, comme M. Darche, aimât à rendre les effets de pluie. M. Dauzats, qui a vu l'Orient en artiste, qui nous donne des vues exactes du Caire, des études prises à Jérusalem, chaudes et harmonieuses de ton, a rendu avec non moins de bonheur l'*Intérieur de la cathédrale d'Alby*. Mais, dans ce tableau distingué, M. Dauzats fait abus d'un procédé qui, chez certains peintres, a remplacé le nacré de M. Bouton. Ce procédé consiste à indiquer les lumières au moyen d'une vapeur blanche, qui, de près, ressemble à de la crème; de loin, l'édifice gagne en clarté, mais il semble qu'on vienne de jeter des torrens d'eau sur les pavés, sur les stalles, sur les piliers mêmes; les pierres et les bois reluisent au même degré, comme après une averse. Ce qui n'est encore qu'une singularité dans M. Dauzats, deviendrait un défaut grave, si ce peintre négligeait de s'observer rigoureusement à cet égard.

J'ai déjà dit ma pensée sur la *Bénédiction du viatique à Naples*, par M. Cottrau. Ce peintre, dont la manière est tant soit peu fantasmagorique, qui aime les lumières bleues, les reflets verts et orangés, sait, néanmoins, harmonier ces lueurs presque artificielles; il sait aussi, quand il ne traite pas la peinture comme un jeu, disposer ses figures avec goût et intelligence. La *Bénédiction du viatique* est, sous ce dernier rapport, ce que nous avons vu de mieux de M. Cottrau. On laisse quelque carrière à la fantaisie de l'artiste, quand on retrouve d'ailleurs, comme ici, un sentiment sérieux et élégant de composition.

CHAPITRE IX.

MM. Horace Vernet, Ziegler, Alfred et Tony Johannot.

M. Guillotin était un médecin philanthrope qu[i] toute sa vie s'était occupé des moyens d'améliorer le sort des pauvres et d'adoucir les souffrance[s] de l'humanité. Sa pensée s'était principalemen[t] arrêtée sur l'horreur des supplices prolongés, e[t] de combinaisons en combinaisons il en était venu à monter une machine capable de donner la mor[t] en un clin d'œil. Mais cette invention charitable devint bientôt entre les mains des partis un moyen de gouvernement; jugez ce que Guillotin dut éprouver de regrets, quand il vit à quels résultats avait conduit l'invention de la guillotine? M. Quatremère de Quincy, dans une vie très grave de Raphaël, se laisse aller à intercaler certaines anecdotes plus que suspectes, qui n'ont d'autre mérite que d'avoir été répétées par tous les *ana* depuis trois siècles ; et M. Horace Vernet, qui cherche le sujet d'un tableau de style, d'un tableau qui fasse revivre Raphaël et Michel-Ange, s'empare de la moins vraisemblable et de la moins spirituelle des anecdotes recueillies par M. Quatremère de Quincy. Il y a du Guillotin dans l'aventure de M. Quatremère; à sa place, il me semble que je ne m'en consolerais pas.

Si nous étions dans le temps des despotes, et qu'un despote eût dit à M. Horace Vernet « : Choisis de boire ce poison, ou de me faire un tableau de Raphaël ou de Michel-Ange, » je ne blâmerais pas le peintre, je le louerais même d'avoir satisfait cette innocente fantaisie du despote. Mais que de gaieté de cœur, sans y être seulement invité par personne, que M. Horace Vernet ait pensé ce qu'il a pensé, et voulu ce qu'il a voulu, c'est ce que je ne puis me résoudre à comprendre. C'est comme si l'écureuil qui peut sauter de branche en branche dans l'épaisseur des bois, préférait à sa belle liberté la roue de fer dans laquelle il tourne sans cesse, sans jamais trouver le repos. A M. Vernet l'Italie, le seizième siècle, Raphaël! Mais, je vous le demande, quand M. Vernet vous a-t-il laissé entrevoir le moindre sentiment de l'Italie? Vous demanderiez plutôt à un dessinateur de Pondichéry de vous traduire les colosses de

Phidias, à moins que vous ne vouliez un Ilissus qui ressemblât à Tippo-Saëb.

Me consolerais-je si M. Vernet n'avait jamais fait de peinture? C'est probable. Les grands succès que M. Vernet a obtenus ont-ils profité ou nui à la marche des arts ? Je me suis déjà nettement expliqué sur cette question. Mais bien que je me sente aussi peu que possible du monde pour lequel la peinture de M. Vernet est faite, je ne reconnais pas moins cet artiste pour une puissance, et je ressens pour lui le respect qu'on a, malgré soi, pour toutes les puissances. Il me semble que si je pouvais diviser en zones le domaine de la peinture, j'en abandonnerais une assez large, quoique peu fertile, une espèce de cercle polaire, à M. Vernet tout seul; j'irais rarement le visiter dans son empire; mais je ne croirais pas juste qu'on le détrônât. Pourquoi donc M. Vernet, à qui nous laissons tant de place, vient nous déranger chez nous? Nous sommes là une colonie rustique qui vivotons du passé, qui parlons une langue morte, qui allumons un petit feu le soir pour éclairer des ruines. A d'autres les grands leviers, la foule qui se rue, l'écho populaire : nous nous promenons masqués, en domino noir, dans un bal magnifique, et quand nous trouvons quelqu'un travesti comme nous, et qui porte notre ruban de reconnaissance, nous lui serrons silencieusement la main. Voilà notre manière d'entendre le plaisir du bal. Quand on s'est fait des jouissances aussi singulières, c'est bien le moins qu'on vous laisse seul à les goûter. Mais il y a des gens qui ne veulent pas, deux jours de suite, rester heureux à leur manière. M. H. Vernet est de ce nombre : le bonheur et la vogue l'ont ennuyé.

C'est encore le cheval de Roland que le tableau de M. Vernet; excellent cheval, bête admirable, et qui n'a qu'un défaut, c'est d'être morte. Tous les contemporains de M. Vernet sont des enfans auprès de lui, quand il s'agit de remuer la peinture et de couvrir une toile. Où trouverez-vous ailleurs une facilité plus constante, une exécution si résolue, une manière plus leste de trancher les difficultés devant lesquelles les autres peintres sèchent sur pied ? Il y a quelque cent ans, quand la croyance aux sorciers allait de pair avec l'intelligence de la peinture, si l'on avait vu un homme côtoyer ainsi l'art, marcher si bravement à deux pieds de distance de la bonne route, et si rarement y mettre le pied, on aurait grillé M. Vernet, uniquement par désespoir de ne pouvoir le porter aux nues ; quant à moi, si l'on voulait me punir de tous mes péchés de critique, le meilleur moyen serait de me faire voir beaucoup de peintures comme le *Raphaël* de M. Vernet : ce serait autant de gagné sur les peines du purgatoire.

Dans le moment où je vous parle, poursuivi uniquement par le souvenir, je souffre bien plus que vous ne pouvez penser ; voici une heure que je m'efforce de trouver des formules laudatives en faveur de M. Vernet, et je n'avance pas un mot qu'une puissance invincible ne m'oblige à retirer à l'instant même. Je ne me sentirais pas plus en veine de restrictions si je prononçais l'éloge d'un collègue dans une séance d'académie. Ce sera bien pis quand je vais prendre l'analyse de ce malencontreux tableau. Qu'y louerai-je sans détour ? Est-ce le zig-zag de la composition, ce souvenir inexplicable de l'*Arrestation des princes ?* Est-ce Raphaël qui se drape et dessine le bras en l'air comme un *forioso* qui boit un verre de vin sur la corde tendue ? Serait-ce ce Michel-Ange flamboyant, espèce de diable de la Porte-St-Martin, employé dans la matinée à des déménagemens en ville ? Préférerez-vous ce pape en Harpocrate, ce Jules II qu'on semble avoir guindé au sommet du tableau comme une pierre au bout d'une grue ?

C'est la femme sans doute avec son enfant : dans le monde on loue beaucoup cette femme, que Raphaël dessine sans qu'il puisse la voir. Il est vrai, cette femme est bien posée, son costume est ajusté avec goût ; pourquoi n'est-ce pas un chef-d'œuvre que cette femme ? Elle est si blanche que jamais Laponne n'a eu cette carnation ; jugéz si c'est là une paysanne de la campagne romaine. Pour contraste à cette femme, M. Horace Vernet en a représenté une autre dont le col est noir comme la peau du diable ; la même opposition se retrouve dans le portrait de Mme Vanutelli ; ici la peau de la nourrice est un gros cuir, celle de la belle Romaine a l'aspect mat et fin de la mousseline. Croirons-nous que M. Vernet n'a pas compris la carnation des Italiennes, dont la blancheur n'est jamais inanimée, dont le sang paraît sous le tissu le plus bruni par le soleil ?

Que si vous étudiez les détails de cette belle paysanne, vous trouverez un contour carré sans largeur, je ne sais quoi d'épaté dans le modelé, une tête sans plan, des pieds sans os, toujours l'impuissance de l'excellent à côté de l'exubérance du passable. Ce genre d'examen est terrible pour M. Vernet ; rien n'y tient ; c'est le triomphe de l'à-peu-près. Ce qui désole avec tout cela, c'est qu'on voit que M. Vernet s'est donné un mal immense pour arriver à ce résultat; c'est qu'on reconnaît non seulement une tentative malheureuse dans un genre que la nature a refusé à M. Vernet, mais encore un changement complet de système, une volonté de tout peindre ainsi sans demi-teintes, au verjus, au fer-blanc. Voyez la *Scène du 31 juillet*, et comparez ce que M. Vernet aurait fait de cette scène à l'époque de la *Barrière de Clichy*, avec ce qu'il en a fait aujourd'hui. Voyez le *Portrait du Roi!* J'ai cru devoir, au nom de M. Vernet, de ne pas passer sous silence les ouvrages qu'il a envoyés à l'exposition de cette année : autrement je me serais gardé d'ouvrir la bouche sur une peinture qui n'est, dans mon opinion, qu'un quiproquo perpétuel, un non-sens inexplicable. Vous savez le dicton de David; on l'aurait inventé pour M. Vernet : *C'est ça, mais ce n'est pas ça.*

Quant aux personnes qui seraient curieuses de connaître l'anecdote sur laquelle M. Vernet a brodé son Raphaël, je ne puis mieux les contenter qu'en citant textuellement le livret : « Michel-Ange rencontrant Raphaël dans le Vatican avec ses élèves, lui dit : Vous marchez entouré d'une suite nombreuse, ainsi qu'un général.—Et vous, répondit Raphaël au peintre du *Jugement dernier*, vous allez seul comme le bourreau. » Je suis curieux de savoir comment ceux qui n'ont pas vu le tableau feront entrer dans l'anecdote et le zig-zag, et le pape, et la paysanne romaine; mais je suis trop las pour entreprendre de le leur expliquer.

Je ne me chargerai pas non plus de concilier la jolie étude de M. Ziegler, si fêtée à ce salon, avec le récit qu'on fait de la première rencontre de Cimabue et de Giotto. Le jour de l'ouverture, je m'évertuais d'expliquer le sujet de ce tableau à mon voisin qui ne le comprenait pas : « Voyez-vous, disais-je, c'est un enfant d'une quinzaine d'années qui est entré chez un peintre pour poser un Saint-Jean. Dans un moment de repos, sans se rhabiller avec la peau de mouton qui entoure ses reins, il s'amuse à parcourir un manuscrit à vignettes. » Après cela, je me suis senti bien humilié quand j'ai découvert dans le livret que mon Saint-Jean tout nu était un Giotto.

On pourrait croire que d'abord M. Ziegler ne s'est proposé qu'une étude d'adolescent ; puis il a trouvé cette étude assez réussie pour en faire un tableau et lui donner un nom. Ainsi en usent les pensionnaires de Rome pour leurs envois annuels, avec cette différence qu'ils produisent rarement des choses aussi fines, aussi gracieuses que le *Giotto* de M. Ziegler. Dans cette figure, la pose est pleine de naturel, le dessin plus élégant que correct, la couleur factice mais harmonieuse, le relief incomplet. C'est ce qui arrive à ceux qui, comme MM. Guichard et Ziegler, ont voulu ajouter le prestige de la couleur à l'expérience qu'ils avaient acquise dans l'école de M. Ingres. Ce qui convient à une peinture simple, ces deux grands partis d'ombre et de lumière, sans recherche ni variété de demi-teintes, produit quelque chose de plat et de *tapé*, lorsqu'on introduit dans le reste de l'ouvrage une plus grande richesse de clair-obscur. M. Ziegler n'a pas évité ce défaut. Quant à l'habitude qu'il partage avec un grand nombre de coloristes, d'amoindrir l'éclat de la lumière, d'obtuser toutes les aspérités des objets, de caresser toutes les transitions, d'assourdir la gamme naturelle des couleurs, je répugne à adopter ce qu'il y a d'artificiel dans ce procédé.

Mengs a fait grand bruit de cette doctrine qu'il prête au Titien : mais l'autorité du Titien lui-même ne suffirait pas à me convaincre. Il me semble que celui qui ne craint pas la nature, qui aborde la couleur toute voyante et crue qu'elle paraisse, qui cherche le tempérament naturel par lequel les tons les plus opposés sont harmoniés entre eux, et ne les concilie pas avec un tempérament factice, a plus de mérite à réussir, et va plus avant qu'un autre quand il réussit. Et puis, il est toujours fâcheux qu'on fasse de la peinture avec de la peinture, que les tableaux neufs qu'on voit ne nous plaisent que par le souvenir de tableaux plus anciens. Je connais des hommes qui, sans jamais s'être souciés de la nature, se sont créés une habitude de juger l'art par l'art seul ; à ceuxlà l'étude de M. Ziegler plaira peut-être beaucoup plus qu'à moi : cela ne m'empêche pas de la ranger parmi les deux ou trois meilleures productions de cette année. Reste à savoir si je fais plus l'éloge de M. Ziegler que le procès du salon.

Au reste il suffira de nous rappeler les productions antérieures de M. Ziegler, pour que nous soyons plus frappés du mérite de ses nouveaux ouvrages. Ce serait comparativement au passé un excellent tableau que la *Mort de Foscari;* ce serait surtout une preuve de la manière sérieuse dont M. Ziegler envisage aujourd'hui la peinture. Je me garderai donc d'insister sur les nombreuses imperfections que présente cet essai de tableau d'histoire : la grosseur des têtes, le défaut de modelé, le ton verdâtre de l'ensemble, l'obscurité du sujet, ce grand évêque, souvenir détaché d'un Paul Véronèse à trône et baldaquin, qui vient ici poser avec sa raideur architecturale au milieu d'une scène dramatique. Quelques détails sont bien rendus dans cet ouvrage ; la chappe de l'évêque a surtout de la richesse et de l'éclat. L'habileté du pinceau y est soutenue, et promet que M. Ziegler ne sera pas embarrassé de conduire un grand sujet quand il en aura mûri la composition. La manœuvre supérieure du pinceau de M. Ziegler brille encore mieux dans une *Tête d'étude de cardinal*. Le regard de cette tête est fort beau ; la peau et la barbe en sont admirablement rendues : seulement on ne trouve pas d'os sous cette peau ; et puis M. Ziegler a négligé l'observation d'une règle absolue, selon moi, dans la peinture : il n'est pas permis dans une tête isolée, destinée à être vue de près, de négliger les détails autant que l'a fait M. Ziegler. Les cheveux, par exemple, sont à peine indiqués, et encore ils ne le sont pas dans un sentiment vrai. Il coûtait peu à M. Ziegler de faire de cette étude un ouvrage complet ; d'où vient qu'il s'est arrêté en chemin ?

En résumé, M. Ziegler n'est pas un peintre fait, mais un peintre qui se fait; son avenir est douteux, mais peut devenir brillant. Au soin que j'ai mis à analyser ses trois ouvrages, il reconnaîtra, j'espère, le désir que j'ai que cette promesse devienne une certitude.

Parmi les hommes qui m'ont bien tenu parole, je dois placer au premier rang M. Alfred Johannot. Il y a deux ans, je le déclarais, dans mon opinion, le premier de nos peintres de genre; cette année il en remontre au plus grand nombre des peintres d'histoire. M. A. Johannot a exécuté pour la galerie du Palais-Royal l'*Annonce de la victoire d'Hastenbeck;* dans cette galerie à laquelle les talens les plus élevés de notre école ont été tous, à peu d'exceptions près, employés, je ne vois que l'*Arrestation des princes*, de M. Vernet, qu'on puisse nettement préférer au tableau de M. Johannot, et encore M. Vernet a-t-il pour lui tout l'avantage du sujet. S'il ne s'agissait que de difficulté vaincue, le mérite de M. Johannot serait ici des plus remarquables. Trouvez-moi un autre de nos contemporains qui fût si bien sorti d'un défilé de cette espèce? Un duc d'Orléans qui a passé presque inaperçu dans l'histoire, trouve l'occasion de se comporter bravement dans un combat ; et pour nous servir du langage officieux du livret, son courage et son habileté décident la victoire. La nouvelle arrive au Palais-Royal : le bon peuple de Paris s'assemble au dessous des fenêtres de la duchesse d'Orléans ; et celle-ci, s'avançant sur son balcon, lit la dépêche à la foule, qui la salue de ses acclamations.

Remarquez ce que nous avons ici : un prince peu connu, une princesse qui l'est davantage, mais à quel titre? la partie du peuple qui, dans le dix-huitième siècle, saluait encore les princes, une scène de famille sous les dehors d'un fait historique. Il fallait et répondre aux désirs de ceux pour qui ce fait indifférent est resté un souvenir précieux, et intéresser le public qui ne se soucie ni d'Hastenbeck ni de son héros. Nos plus habiles ont, dit-on, reculé, ce que je conçois très bien dans un temps où les sujets de commande sont devenus un épouvantail. A force de convenance, de goût et d'adresse dans l'ajustement, de recherche dans la couleur locale, M. Johannot a résolu toutes les difficultés de sa tâche. C'est la première fois que nous voyons les costumes du dix-huitième siècle étudiés dans un sentiment vrai, sans exagération et sans manière; c'est la première fois que la finesse du pinceau arrive à lutter avec les productions délicates des Boucher et des Vanloo, tout en conservant le caractère de vérité qu'on exige aujourd'hui.

La tête de la duchesse est charmante, son geste parfait. Le jeune prince qui l'accompagne est peint avec une coquetterie qui ne dépasse pas les limites du goût; j'aime moins la petite fille en cheveux non poudrés, anachronisme inutile, souvenir un peu maniéré des vignettes dans la composition desquelles excellent MM. Johannot. Le dessin, le modelé, la couleur des deux hommes qui, penchés sur le balcon, tournent le dos aux spectateurs, sont exacts, forts et brillans; les figures des seconds plans se détachent mal les unes sur les autres. La foule est bien indiquée au dessous du balcon, sans pour cela qu'elle empiète le moins du monde sur les personnages principaux. L'ensemble de ce tableau me paraît préférable à l'ouvrage de plus petite dimension qui complète l'envoi de M. Johannot à ce salon. Ici le peintre a dû représenter l'entrée de mademoiselle de Montpensier dans la ville d'Orléans pendant les guerres de la Fronde. Le récit de cet événement, dans les Mémoires de la princesse, est vif, amusant, circonstancié : il me semble que M. Johannot aurait pu en tirer un parti plus exact et plus piquant.

Au lieu de l'extérieur de la ville, de ces murailles grimpées sur des rochers, et qui donnent à la cité orléanaise l'aspect du château d'Atlant, j'aurais voulu voir l'intérieur obscur de la ville en dedans de la porte bâtarde munie encore des deux grosses barres de fer entre lesquelles la grande Mademoiselle s'est glissée. Il me faudrait ici des robes fripées, et même crottées; l'héroïne de l'histoire a soin de nous avertir de ce détail. Mais si l'on admet la donnée que M. Johannot a choisie, on reconnaîtra dans son tableau un grand mérite d'arrangement, une grace qui n'est pas toujours dépourvue d'afféterie, et surtout une belle gradation des physionomies et des expressions, depuis le batelier qui rompt la porte à grands coups de masse, jusqu'au gouverneur embarrassé qui complimente la princesse. Ce que je reprocherai surtout à cet ouvrage, c'est le manque de solidité dans la couleur. M. Johannot a trop fait état des observations de ceux qui lui reprochaient ses habitudes de graveur, qui trouvaient de la dureté à son contour et du ligneux à son modelé. Pour éviter ces prétendus défauts, il est tombé dans l'incertitude du trait et dans les teintes *pelure d'ognon*. Mais ce qui, malgré tout, fait un homme à part de M. A. Johannot, c'est la sûreté de la composition, c'est la vérité des expressions, c'est surtout l'art avec lequel il *bouche les trous*, et dispose les figures accessoires. Sous ce dernier rapport, M. A. Johannot est un maître que nos maîtres du plus haut parage ne sauraient trop étudier.

Le principal ouvrage de M. Tony Johannot, à l'exposition de cette année, se rapporte au genre des scènes familières dont je parlerai plus tard, s'il plaît à Dieu. Mais je me ferais conscience de séparer, pour un motif de symétrie, deux noms habitués à se produire si heureusement ensemble. La réputation de M. Tony Johannot a devancé celle de son frère aîné; la fécondité, la richesse spirituelle du talent de M. Tony ont frappé d'abord le public. M. A. Johannot, plus calme, moins abondant, mais plus profond, n'est arrivé que pas à pas au rang qu'il occupe aujourd'hui. C'est le tour de l'auteur des inimitables *Embellissemens du roi de Bohême* de travailler à se régler, à se contenir, à faire pour la première fois lentement et avec peine.

Dans sa *Scène domestique* M. Tony Johannot

a presque complétement réussi. Les expressions sont frappantes dans ce tableau, où un paysan saisit à la gorge le séducteur de sa fille et semble prêt à le tuer. La pose de la toute petite sœur qui s'appuie effrayée contre la cheminée est pleine de naturel. La vieille mère est accusée avec force ; la seconde sœur qui veut arrêter son père a de la souplesse et de la grace. L'action du père est bien écrite; on est moins satisfait de la fille évanouie sur le devant du tableau. Le dessin de cette figure est maniéré, le modelé en est faible; c'est à peine si on la distingue au premier abord, elle, la protagoniste de l'ouvrage. La peinture de M. Tony a du charme, de la chaleur et de l'éclat, et l'on ne peut nier que dans cet ouvrage sa couleur ne soit généralement plus solide que dans la *Mademoiselle de Montpensier* de son frère.

Si M. Tony Johannot ne faisait pas de peinture, sa part resterait belle et originale parmi les artistes de notre école; mais ne nous plaignons pas de ce qu'il tient à agrandir son domaine: c'est celui de nos jouissances qu'il enrichit en même temps.

CHAPITRE X.

M. Ingres.

Pendant l'automne de 1824, à Rome, au second étage d'une maison solitaire de la rue de la Porta-Pinciana, se réunissaient chaque soir une douzaine de personnes, qui, toutes plus ou moins, à l'exception d'une seule, pouvaient prétendre au nom d'artistes; tous Français ou peu s'en fallait : on juge de l'esprit de cette société. Dans cette Rome, à laquelle quasi tout l'univers envoie des députations qui ne s'amalgament jamais ni entre elles ni à la population locale, il semble que l'isolement qui resserre les Français les uns contre les autres, pousse à l'excès les démonstrations de leur caractère. Si l'on a jamais vu les Français bruyans, débraillés, absurdes et amusans, c'est à coup sûr dans leurs réunions à Rome; or, c'était dans ce genre une réunion modèle que celle de la Porta-Pincinia. Chacun depuis a pris sa volée; il en est qui, couvant alors un grand avenir sous des dehors modestes, sont arrivés au pinacle de la réputation; il en est d'au-

tres qui, glorieux en 1824 ou se promettant d[e]
le devenir, ont aujourd'hui tristement replié leu[r]
voile et se contentent d'une maigre pitance a[u]
festin de la renommée; un autre encore, déj[à]
nébuleuse étoile révélée à quelques amis seule[-]
ment, n'est pas sorti de son austère obscurit[é.]
L'architecte est tombé de Jupiter Stator au mu[r]
mitoyen; le peintre d'histoire fait de la critique
et le paysagiste des portraits.

Or, un soir que la réunion se trouvait au gran[d]
complet, tandis qu'on devisait de Paris, du salo[n]
qui allait s'ouvrir, de l'avenir de chacun, et généra[-]
lement des choses comme ce monde les arrange, l[e]
discours tomba sur l'Institut. Entre gens dont au[-]
cun n'avait encore de position fixée, l'esprit d'o[p-]
position devait dominer. On trouva donc l'Insti[-]
tut très mauvais, très mal dirigé et surtout trè[s]
mal composé. Sur quoi un membre influent d[e]
l'assemblée proposa de refaire, au scrutin d[e]
liste, la section de peinture, de n'y garder qu[e]
les hommes avoués par l'opinion de tous, et d[e]
remplacer les autres au moyen d'une espèce d[e]
contre-institut dans lequel figureraient seuls le[s]
artistes vraiment dignes de représenter l'écol[e]
française. On se mit à la besogne avec l'ardeu[r]
qui caractérise surtout les travaux inutiles. L[e]

scrutin fut ouvert, rempli et dépouillé dans le plus grand silence; il en sortit une liste un peu classique (car telle était l'influence du terroir), mais enfin assez passable, et que vous auriez peut-être préférée au véritable Institut tel qu'il existait alors. Un nom manquait à cette liste, et l'imagination de chacun se trouvait en faute de candidats, quand celui-là même qui avait proposé le scrutin, homme de plus de sens probablement que le reste de l'assemblée, se hasarda à prononcer le nom de M. Ingres. C'était, disait-il, un artiste bizarre, incomplet, inexplicable, mais enfin on ne pouvait lui refuser un vrai mérite comme dessinateur, et ce mérite mal apprécié devait racheter des défauts qui sautaient à tous les yeux. La proposition sembla d'abord aussi insolite que le talent de M. Ingres, mais après un peu d'hésitation la majorité l'adopta. Moins d'un an après cette époque, M. Ingres, dont le nom à Rome, dans une assemblée d'artistes, n'était prononcé qu'avec d'interminables restrictions, M. Ingres, après avoir recueilli tous les honneurs du salon, prenait place dans le véritable Institut, bien avant tous ceux que la réunion romaine lui avait préférés.

Qui nous expliquera ces bizarreries de l'opinion? Comment un homme, s'il possède le talent qu'on prête aujourd'hui à M. Ingres, a-t-il pu demeurer si long-temps méconnu, et cela à l'époque où tous les peintres prétendaient vouloir ce que M. Ingres a toujours voulu, le style noble imité de l'antique et des écoles italiennes? Pourquoi a-t-on commencé d'apprécier M. Ingres au moment même où l'école abandonnait les doctrines auxquelles ce peintre a voué toute son existence? Qui a raison, du dédain passé ou de l'enthousiasme présent? Toutes questions qu'on devrait peser avant de parler à l'étourdie d'un talent aussi particulier que celui de M. Ingres.

S'il vous est arrivé d'étudier avec quelque persévérance une œuvre de poésie ancienne, une ode de Pindare, des stances d'Arnaut Daniel ou de Bernard de Vantadour, un *canzone* de Pétrarque, vous avez remarqué un arrangement mystérieux, un rhythme lent ou des retours de consonances séparés par d'immenses intervalles, je ne sais quoi de solennel et de monotone qui ne ressemble plus à rien de ce qu'on fait aujourd'hui; vous vous serez dit comme je me suis dit bien des fois : Ces vers ne parlent que de jeux publics, avec des intermèdes d'une morale vulgaire et des complimens sans fin aux parens et aux patries des vainqueurs. Ces autres vers roulent sur les hyperboles glacées ou les antithèses sophistiquées d'un amour qui, d'un bout à l'autre du recueil, ne semble faire un pas ni en avant ni en arrière. Pour nous, il n'y a là dedans qu'un ton, qu'une situation, qu'un langage; pour les contemporains du poète, c'était matière à émotions diverses, à jouissances multipliées, à préférences délicates, aux développemens d'un goût dont nous pouvons à peine soupçonner les élémens. Il en est de même de la musique très ancienne : celle des Grecs donnait sans doute un résultat semblable ; c'étaient aussi des finesses de mélodies inaccessibles à nos organes, une complication de plaisir là où nous ne trouvons plus qu'une uniformité fatigante d'inspiration. Aujourd'hui, pour que la poésie nous plaise, il faut que nous y rencontrions ce qui d'ailleurs nous remue; l'action, le drame, la politique s'y donnent rendez-vous ; le poète doit être en état, comme Pic de la Mirandole, de soutenir une thèse *de omni re scibili*. Orphée, non plus pour attirer les pierres, mais pour empêcher de fuir les *dilettanti*, a échangé sa simple lyre contre une armée d'instrumens et de voix ; le peintre doit apprendre autant d'histoire qu'un professeur de Sorbonne ; nous nous croyons plus fins amateurs, parce que nous demandons à l'artiste une multitude de mérites accessoires dont l'art n'a que faire pour toucher le but : avec nos prétentions, nous ne sommes que des barbares.

Que si, au milieu de ce raccornissement des organes, il se présente un homme qui ait conservé dans les siens toute la délicatesse des temps passés, sera-ce un bonheur pour cet homme que la supériorité qu'il aura sur nous? Que lui servira de sentir les mystères du rhythme de Pétrarque, les formes aujourd'hui insaississables de la mélodie de Palestrina, les finesses du contour d'André del Sarto, quand aujourd'hui Pétrarque, s'il revenait, passerait pour un fade rabâcheur, Palestrina pour un contra-puntiste à la glace, André del Sarto pour un peintre sans variété et sans émotion? Dans la foule qui regardera tout ébahie l'homme du temps passé poursuivre son inexplicable labeur, il s'en trouvera quelques uns moins aveugles que les autres qui se prendront à regretter de ne pouvoir comprendre ce labeur, qui soupçonneront au moins l'existence d'un monde d'idées et d'impressions aujourd'hui perdu pour les hommes, qui auront le mérite de constater le vide et l'impuissance de notre organisation actuelle. Ce Pétrarque, ce Palestrina, cet André del Sarto, M. Ingres nous les représente; le nombre des gens qui voudraient le comprendre s'est augmenté de la foule qui croit le comprendre: voilà toute la différence qui existe entre sa vogue actuelle et son isolement passé.

Postez-vous dans la galerie du Louvre, devant le *Portrait de femme* de M. Ingres, un jour où la foule abonde, un de ces jours surtout où l'attrait du privilége y presse tout ce qui dans Paris peut prétendre à un renom d'élégance; le premier mouvement de ceux qui passent, surtout des femmes, qui ont au moins le mérite de produire naïvement leur impression, est d'adresser des injures à ce portrait: *Mais c'est abominable! comment laisse-t-on exposer de pareille peinture?* Je l'ai entendu deux cents fois; puis on cherche dans le livret pour connaître le nom du pauvre diable aux dépens duquel on va s'amuser, et l'on y découvre le nom de M. Ingres! Le plaisant et le furieux restent également médusés. On n'entend plus que ces mots: *C'est bien singulier!* et si l'amateur n'avait juste en face le portrait de madame Vanutelli par M. Horace Vernet, pour répandre son admiration, vous auriez vu de fàcheux résultats de ces railleries et de ces colères rentrées. L'opinion de quelques personnes qui ont deviné que M. Ingres valait beaucoup mieux que sa réputation passée, élevée au rang de puissance formidable, est là, flamberge au vent, qui veille auprès du portrait de femme de M. Ingres. Pour le grand nombre, non seulement des gens étrangers à l'art, mais des artistes eux-mêmes, admirer M. Ingres, comme on est bien forcé de le faire aujourd'hui, ce n'est pas une opinion, c'est un préjugé.

Qu'on ne nous dise donc plus que la vogue a cherché M. Ingres, et que M. Ingres l'a dédaignée. Nul n'est libre de dédaigner la vogue, et le pourrait-on, ce serait un tort de le faire, si elle était la récompense de travaux librement consciencieux. La vogue ne courtise pas les hommes qui arrivent après leur temps ; elle se précipite vers ceux qui partagent tout avec leur époque, ses enthousiasmes, ses antipathies, ses erreurs. Un homme comme M. Ingres ne peut pas même se consoler de n'être pas compris de son vivant, par l'idée que la postérité l'appréciera davantage ; du train dont vont les choses, la postérité n'aura pas de bésicles assez claires pour apercevoir les beautés de la peinture de M. Ingres ; ce n'est pas le parfum des violettes d'automne qui empêchera jamais l'hiver de venir. Pour quiconque examinera sérieusement les choses, la mission de M. Ingres ne paraîtra pas douteuse; ce grand peintre n'a pas la tâche de régénérer son siècle, de rendre la jeunesse à ce qui tombe de décrépitude, la sonorité à une corde amollie et détendue ; il est venu tout simplement pour enterrer la synagogue avec honneur : brisez ce dernier rameau de la famille de Raphaël ; tirez le rideau, et la farce sera jouée, et nous n'entendrons plus parler de ces rêveurs.

N'allez pas croire pour cela que je reproche à M. Ingres d'avoir fait des élèves ; dans une école comme la sienne il y a deux choses bien distinctes, l'art et le métier. Quant à l'art, je n'admire rien tant que de ne pas désespérer de ce qui désespère de soi-même, de soutenir jusqu'au bout la lutte comme si l'avenir appartenait encore à celui qui combat. Certes, quand le christianisme envahissait le monde, je n'aurais pas cru, ce me semble, à la prolongation d'empire de la philosophie païenne ; et pourtant, si j'avais entendu dans Athènes le dernier philosophe soutenant encore le platonisme, comme si sa doctrine était appelée à gouverner le monde, je n'aurais pas seulement éprouvé du respect, mais de l'enthousiasme. Quant au métier, l'utilité de l'école de M. Ingres est directe et certaine ; elle conserve les principes de l'imitation ; elle assure aux sciences historiques les dessinateurs expérimentés dont elles auront toujours besoin ; elle prolonge, sinon la production des ouvrages d'un style élevé, au moins l'admiration qu'on doit aux maîtres de cet ordre ; elle fait qu'au milieu de la barbarie qui envahit en fait d'art presque tous les peuples de l'Europe, la France restera encore quelque temps comme un foyer de goût et de lumières ; ce sont-là des résultats essentiels et qui font pardonner, tant au maître qu'aux élèves, l'espèce d'illusion par laquelle ils sont encore soutenus.

Ce qui prouve que M. Ingres ne peut être un puissant levier pour son temps, c'est la direction que suivent ses élèves, quand une fois ils ont brisé les liens de l'école : j'ai déjà dit l'espèce d'inconséquence que les leçons de M. Ingres ont imprimée à la peinture de M. Ziegler ; j'en pourrais dire autant de M. Guichard ; d'autres, tels que M. Clément Boulanger, ne feraient jamais soupçonner qu'ils ont étudié sous un maître si fin et si sévère : il y a loin de là au *grappin* que David avait jeté sur tous ses élèves, à l'exception peut-être de M. Ingres. Ce grand artiste a-t-il foi lui-même, non en ses doctrines, non en son talent (ce qui n'est pas douteux), mais en l'influence qu'il peut exercer sur ses contemporains? S'il avait cette confiance, elle le conduirait à produire davantage. Léonard de Vinci, non plus, ne produisait guère ; mais Léonard était un homme universel, mathématicien, ingénieur, philosophe, musicien, spadassin aussi habile qu'intrépide écuyer; la mécanique a pris un bon tiers de cette longue vie; la cour et le monde en dévorèrent plus de la moitié; il ne resta à la peinture que la moindre partie d'un temps aussi éparpillé. Aucun peintre de nos jours n'a l'existence de Léonard; il nous est permis de supposer cette prétention plus étrangère encore à M. Ingres qu'à tout autre de nos contemporains; et pourtant M. Ingres ne produit pas : cette stérilité n'est pas seulement un malheur pour l'art; dans ma conviction, c'est une tache au talent d'un artiste. Que vous importe, me dira-t-on, que les ouvrages de M. Ingres soient rares, si chacun de ces ouvrages, considéré isolément, reste digne d'admiration? Oui bien, si les tableaux étaient plus parfaits, à proportion qu'ils sont moins nombreux. Mais, loin de là, toute production d'un homme qui n'est pas abondant, porte nécessairement un cachet de fatigue. Nous nous trouvons ici, comme toujours, sur une limite, de chaque côté de laquelle est un abîme, entre le peintre qui se contente à moitié, qui gaspille son talent en mille productions imparfaites, et le peintre qui, bien qu'organisé pour produire beaucoup, pourvu par la nature d'une facilité presque toujours plus grande que celle de ses rivaux, se défie de cette facilité, hésite entre une foule d'idées, renouvelle sur chaque toile la fable de Pénélope, et se laisse arracher un ouvrage plutôt que de le déclarer fini : abus d'une qualité admirable, qui a perdu plus de peintres qu'on ne croit, qui empêche, comme je l'ai dit ailleurs, que Léonard ne soit placé à la tête de tous les peintres, et qui de nos jours a consommé la folie de Girodet.

M. Ingres n'avait rien mis au dernier salon; cette fois on attendait un tableau depuis longtemps promis du *Martyre de Saint-Symphorien;* nous avons eu en échange un portrait de l'année dernière et un portrait de 1807; si les douanes, la mer et le roulage n'en avaient autrement disposé, nous aurions vu aussi un portrait de 1823.

Or, on ne fait école qu'en offrant pour modèle de nombreux et grands ouvrages. M. Ingres suppléerait à ce défaut s'il pouvait conduire ses élèves dans les chambres du Vatican, au milieu des chefs-d'œuvre des siècles passés, sous le ciel qui les a inspirés; mais dans les conditions si défavorables de notre climat et de nos mœurs, avec le petit nombre d'ouvrages capitaux que nous possédons, le maître, qui lui-même ne peut montrer qu'un développement incomplet de sa manière, n'exerce aussi qu'une influence imparfaite. Ou nous nous trompons fort, ou vous ne trouverez pas un jeune homme qui, tout en restant *ingriste*, comme on dit, s'élève en même temps au dessus d'une tête d'étude ou d'un portrait.

Et pourtant quel événement n'est-ce pas que les deux portraits de M. Ingres ? Il semble d'un magicien qui commande à la voûte du ciel de descendre, et de lui faire un horizon proportionné au volume de ses créations. Autour de ces deux portraits vous voyez se grouper une foule de jeunes gens passionnés qui rêvent la régénération de l'art ancien ; chez les autres artistes, c'est une inquiétude, une colère concentrée, les élémens d'une réaction qui couve et dont les symptômes éclatent déjà. Les statues de la veille chancèlent, il est vrai, sur leur base; mais quand elles seront par terre, ces statues, elles se relèveront et mordront le piédestal de M. Ingres. Que serait-ce si nous possédions déjà le *Saint-Symphorien?*

M. Ingres est redevable à l'isolement dans lequel la foule l'a laissé, d'avoir puisé en lui-même le principe des modifications que son talent a subies. Elevé sous les yeux de David, il a eu tout aussitôt pour lui le sentiment intime qu'il existait une route différente de celle que l'influence du maître imposait alors à l'école. On parlait de l'antique, et une voix intérieure lui a dit qu'il fallait comprendre l'antique autrement que David et ses élèves; on cherchait le contour, et le contour s'est révélé à sa pensée bien autrement fin, varié, sensible que dans tous les peintres d'alors : le tableau qui lui a valu le prix de Rome est encore là pour attester qu'au commencement de ce siècle M. Ingres était tout aussi complétement lui qu'à cette heure, après trente ans de peinture. Toutefois les idées du jeune peintre sur la composition et le choix des sujets n'étaient pas encore fixées; il était comme les autres sous le préjugé de la mythologie, c'est-à-dire qu'il pensait bonnement que sous notre ciel, à travers les traductions et les imitations qui altèrent de plus en plus les modèles originaux, on pouvait retrouver le type grec, et refaire des ouvrages grecs dignes de lutter avec ce que l'antiquité nous a légué. M. Ingres non plus ne s'était pas encore persuadé de ce que peut fournir de ressource la variété des tempéramens et des physionomies; il n'avait pas l'idée multiple de la beauté, il croyait encore à la possibilité d'exclure la diversité des formes et de s'en tenir à un canon rigide comme celui de Polyclète. Un long séjour en Italie agrandit les convictions de M. Ingres : là, se trouvant en rapport direct avec les maîtres dont l'ame était passée en lui dès le jour de sa naissance, il vit l'art et l'idéal sous leur véritable aspect; sa religion s'étendit et se consolida; de mille formules incomplètes il tira deux ou trois dogmes immenses, et partant de ce point il travailla comme on travaille avec la foi.

Le *Portrait de femme de* 1807 a été exécuté dans toute la ferveur de la conversion. De David et de son école vous ne retrouverez la trace que dans la demi-teinte des cheveux, sur le sommet de la tête; là, M. Ingres, qui ne croit plus ce qu'on lui a appris, ne sait encore que substituer à la recette de l'atelier; l'œuvre reste incomplète, par la crainte qu'elle ne devienne disparate.

Tout le reste est cherché et rendu dans un sentiment absolument nouveau. La peau n'apparaît plus à M. Ingres comme un tapis diapré sur lequel se jouent des teintes plus ou moins variées. La peau est une, comme la tête est une, comme le corps est un; les détails les plus scrupuleux concourent à cette unité, et le maître aime mieux sacrifier l'effet du détail que de manquer à la loi d'harmonie qu'il a comprise. Pour lui, l'individu qu'il copie n'est pas une ébauche de la nature plus ou moins rapprochée d'un type abstrait de beauté qui n'existe nulle part; c'est en soi un type qui a sa beauté propre, qui réalise à sa manière la beauté universelle. Cette conviction lui fait poursuivre l'imitation jusqu'au vif; il accuse ce que personne n'oserait accuser, et il tire de cette franchise un charme qu'on n'aurait pas deviné. N'attendez pas de moi que je vous explique jusqu'au bout cette opération mystérieuse qui fait que chez Holbein, le peintre qui a le moins dissimulé la nature, il n'y a pas une tête qui paraisse laide; qui fait aussi que la bouche et le cou de la femme peinte par M. Ingres ne déparent pas l'inimitable beauté de son front et de ses yeux. Je me suis laissé prendre comme un autre aux yeux de Lawrence; mais qu'est-ce, je vous prie, que cette limpidité vitreuse et vague du peintre anglais, au prix de ce regard si net, si ferme et si doux, qui, chez M. Ingres, ne se distingue pas de la vie elle-même? Chez Lawrence, tous les yeux ont plus ou moins la fièvre : l'opération du peintre anglais est le galvanisme, celle de M. Ingres est la création.

Ce qui pour moi prête un charme infini à ce *Portrait de* 1807, c'est une certaine virginité de touche, une manière non dépourvue de timidité, mais profondément sensible, qui n'appartient qu'aux prémices du talent. Dans le portrait de M. Bertin l'aîné, nous trouvons la puissance, et aussi, jusqu'à un certain point, l'alourdissement de l'âge mûr. Le peintre n'a pu surmonter certains défauts essentiels : les vestiges de la première éducation ont reparu, comme reparaissent les grosses pierres sous un chemin qui se détériore. Les maîtres dont M. Ingres a respiré le sens intime n'ont pu de même lui transmettre leurs procédés : sa main est restée plus pesante que sa volonté. Puis une transplantation tardive sur le sol français, l'amoindrissement de la lumière qui est venu attrister sa vue, tout cela a dû laisser sur le portrait de M. Bertin des traces dont l'*Apothéose d'Homère* n'est pas exempte.

On doit remarquer deux choses dans la couleur de M. Ingres : la première, c'est qu'il peint franchement comme il voit, qu'il n'a pas de préoccupation de coloriste ; aussi, quand il arrive au ton vrai, surpasse-t-il, à mon avis, tous ceux qui ont voulu être coloristes. Dans le *Portrait de* 1807, le bras et le châle de la femme sont d'une plus belle couleur que les mêmes objets n'auraient pu l'être chez M. Gros dans son meilleur temps; la redingote et le gilet de M. Bertin, si on les voyait indépendamment de la tête, feraient dire à tout le monde : Le peintre qui a fait cela est un coloriste. Le second point à remarquer, c'est que M. Ingres n'a pas la faculté de rendre toutes choses comme il les voit : ainsi, dans le *Portrait de* 1823, qui devait être exposé avec les deux autres, la grande demi-teinte sous le menton est d'une vérité et d'une transparence admirables; les petites demi-teintes sous les yeux sont lourdes et grises. Or, s'il faut dire toute ma pensée, le défaut capital du coloris de M. Ingres, c'est que cette impuissance se trahit principalement dans les chairs, d'où il résulte que ce que le peintre a cherché avec le plus d'amour est précisément ce qui, au premier abord, repousse l'œil inexpérimenté de la foule. Ici j'aurais de longues observations à développer, un procès peut-être à faire, et à la peinture à l'huile en général, et aux Carraches qui en ont perverti les procédés, et à M. Ingres lui-même qui, au milieu de sa carrière, a voulu se *carrachiser*. Mais le sablier qui, heureusement pour le public, pose sur la tribune de l'orateur périodique, m'avertit que je perdrai bientôt la permission de parler. Qu'il me suffise d'avancer en fait que la peinture à l'huile n'est pas la peinture pour laquelle M. Ingres a été créé, pas plus qu'aucun des hommes de la famille des peintres de style ; j'ai la conviction qu'à la détrempe ou à la fresque M. Ingres eût été un grand coloriste, comme je suis aussi persuadé qu'Apelle ou Nicomaque auraient été fort embarrassés pour tirer un bon parti de la découverte de Van Eyck.

Après tout, le portrait de M. Bertin est une leçon sérieuse pour ceux qui s'imaginent que le domaine de la peinture est divisible ; qu'on peut en abandonner aux maîtres anciens les sommités, et se contenter d'apprendre tout juste ce qu'il faut pour nos goûts émoussés et nos besoins diminués. L'homme qui a fait l'*OEdipe* et l'*Odalisque*, l'homme qui seul des peintres modernes a ébauché une *Vénus Anadyomène* qu'un Grec du temps d'Alexandre n'aurait pas désavouée, est aussi celui qui comprend le mieux la forme, le mouvement, l'expression d'un homme de nos jours, qui fait ressortir tout ce qu'il y a de simple et de puissant dans ses traits, qui, fin, recherché dans le détail, dépourvu de tout prestige de ton, sait arriver le plus loin dans la masse, dans l'aspect et dans la pose.

En relisant ces prolixes colonnes, je m'aperçois que j'ai a peine esquissé la moitié de ma tâche. Il fallait considérer M. Ingres non seulement comme portraitiste, mais encore comme peintre d'histoire; je devais chercher à deviner ses principes de composition, examiner cette question débattue depuis quelque temps, si M. Ingres est un peintre sensible, dans quelles limites le don de l'expression lui a été départi; si chez lui cette absence de compositions passionnées est un signe d'impuissance, ou si plutôt ce n'est pas le résultat d'une réserve intime et d'une conviction sur les vraies limites de la peinture. Tout cela trouvera sa place à l'apparition heureusement très prochaine du *Matyre de saint Symphorien*. En attendant, avec ses deux portraits, M. Ingres reste seul dans l'exposition, plus isolé que ne le voudraient ses élèves, un peu pâle comme le serait un fantôme, mais fantôme d'une taille, d'une proportion et d'un regard avec lesquels les vivans ne peuvent entrer en comparaison.

CHAPITRE XI.

Portraits : MM. Delacroix, Champmartin, Sigalon, A. et H. Scheffer, Magimel, Brémont, J. Etex, Am. Duval, Dubufe, Lepaule, Duval-Lecamus, etc. — Madame de Mirbel.

Puisque l'administration a gardé jusqu'à présent ses promesses, nous devons penser qu'elle les tiendra jusqu'au bout. Nous croyons donc, avec la foi la plus robuste, que le salon sera fermé le 1er mai prochain. Tout le monde a su gré à l'administration d'avoir résisté à l'introduction de nouveaux ouvrages à moitié de l'exposition ; maintenant le plus fort est obtenu, et nous ne pouvons nous imaginer qu'on faiblisse à la fin quand on a si fermement débuté. A cette constance de volonté, chacun gagnera ; les artistes d'abord, qui se verront débarrassés des calculs et des tourmens qu'entraîne la variation d'ouverture et de durée des expositions ; l'administration ensuite, qui désormais réglée dans ses allures, n'aura pas plus à répondre de ses décisions qu'une pendule de la marche du temps. Désormais les portes du musée s'ouvriront le 1er mars à neuf heures, comme le tombeau de Ninus, au son de la cloche du Louvre; elles se refermeront le 1er mai avec la même exactitude. On pourra même, si l'on veut, retourner les vers du Dante, et écrire ces mots sur la façade : *Quittez toute espérance, vous qui n'êtes pas entrés.* L'administration achèvera son ouvrage, en posant enfin des bornes à l'acceptation illimitée des tableaux. Ainsi, dans notre opinion, on ne devrait admettre au plus de chaque peintre que deux portraits en pied et deux portraits en buste, trois tableaux de genre ou d'histoire, trois paysages, quatre aquarelles ou dessins. L'ensemble des ouvrages d'un seul peintre, quel qu'il fût, ne devrait pas dépasser le nombre de six. Les esquisses, les études de paysages seraient impitoyablement proscrites. Par l'application de ces règles, qui atteindraient les grands comme les petits, l'exposition se trouverait réduite d'au moins un millier d'ouvrages. Or il est impossible que le public supporte le poids des expositions annuelles, si on lui jette chaque printemps à la tête plus de trois mille tableaux.

Puisque je suis en train d'améliorations administratives, j'achèverai mon utopie d'exposition. Ainsi, pour en finir avec les jurys, je supprimerais complétement cette institution. Pour comprendre ce que c'est que le Salon, il faut partir du point sur lequel j'ai déjà insisté, qu'au Louvre on est chez le Roi, et que le Roi y est le maître. Cela posé, si ce n'est pas le Roi qui répond de ce qui se fait au Louvre, ce ne peut être que le directeur du Musée. Or, un directeur ainsi appuyé n'a pas besoin de plastron pour couvrir ses actes. Si quelqu'un se plaint que son tableau a été refusé, il doit répondre que c'est lui, directeur du Musée, qui n'a pas jugé à propos de l'admettre. Je le répéterai jusqu'à satiété, c'est mon *delenda Cartago :* les commissions ostensibles doivent être proscrites des administrations. Que le directeur des Musées, pour le choix et le rejet des ouvrages présentés, s'éclaire du conseil des personnes qui voudront bien l'aider de leurs lumières, rien de plus utile ni de plus juste ; mais ces personnes ne doivent paraître sous aucun prétexte que ce soit. C'est un leurre ou une mauvaise plaisanterie que le simulacre d'un tribunal, là où le bon plaisir règne de par la loi. Cela soit dit sans la moindre velléité d'ironie, et avec la conviction que si l'on fait comme je voudrais qu'on fît, tout le monde s'en trouvera parfaitement bien à l'avenir.

En attendant, et s'il est vrai que le salon soit clos au 1ᵉʳ mai, je cours grand risque de laisser inachevée une bonne partie de ma tâche. Hâtons le pas, la ville est encore loin, la nuit arrive; et, si je rencontre quelque noble monument sur ma route, il ne m'est plus permis de m'asseoir longuement à son ombre, comme je le faisais encore hier. Certes, si quelqu'un me conviait encore au repos, à l'examen, à la rêverie, se serait à coup sûr M. Delacroix. Non que ce maître ait paru à l'exposition avec autrement de préparation et de cérémonie. Mais qu'est-ce qui soulève au monde plus de pensées et émeut plus de controverse qu'un simple croquis de M. Delacroix? C'est là encore un de ces hommes dont je ne saurais parler qu'avec une retenue infinie : il me semble que j'aurais beaucoup de choses à dire, et, dans le nombre, de bonnes, sur un peintre de cette étoffe et de cette direction. A présent surtout que le parti qui avait choisi M. Delacroix pour étendard n'existe plus, que les plus braves de ses compagnons de bataille ont cherché fortune dans les rangs ennemis, et l'ont laissé, lui, leur général et naguère leur idole, comme un affût brisé et noirci par la poudre, il y aurait plaisir et instruction, pour ceux qui ont observé le combat d'un peu loin, à s'approcher de cette arme faillie, à en mesurer la force, à calculer ce que, toute désenchantée qu'elle est, elle pourrait produire encore de ravages. Après le jour de l'engoûment, vient celui de la justice; et, nous en sommes convaincus, M. Delacroix est un de ces hommes dont la gloire doit mieux profiter de la justice que de l'engoûment. Nous comprenons dans M. Delacroix un temps d'arrêt, un moment d'hésitation; mais, si le découragement se glissait dans une ame qui a de si justes motifs de se confier en elle-même, le gouvernement serait bien coupable s'il ne poursuivait M. Delacroix dans sa retraite, s'il ne l'obligeait, par l'attrait d'un beau et grand travail, à sortir de l'inaction. J'ai la confiance que le gouvernement ne restera pas long-temps sous le coup d'un pareil reproche.

N'allez pas croire toutefois que j'éprouve le moindre embarras à parler de ce que M. Delacroix a exposé, à dire que le *Charles-Quint, moine de Saint-Just*, dont si peu de gens paraissent se soucier, me semble, à moi, une des choses dont je me souvienne les mieux composées, les plus attrayantes d'expression, les plus sensibles de peinture ; à mettre en lumière ce joli portrait d'un écolier de douze ans, si vrai d'intention, si étourdi, si remuant, modelé avec si peu et si juste, aussi fin de trait, surtout dans la bouche, que quoi que ce soit au monde ; à déclarer enfin que, toujours dans mon opinion, les croquis que M. Delacroix a rapportés de son voyage d'Afrique décéleraient un maître d'un ordre peu commun, quand bien même nous n'aurions pas par devers nous d'autres raisons d'admirer M. Delacroix. Sans doute, il me semble que j'ai un grand procès à instruire contre ce peintre ; mais c'est un de ces procès comme, au besoin, je voudrais en intenter à Rubens, à Rembrandt, à Reynolds, je dirai presque à Michel-Ange. Je citerais l'art qui veut refaire la nature au tribunal de l'art qui la suit fidèlement; je réserverais dans l'un comme dans l'autre domaine cette part qui est le produit immédiat du génie, et qui ne s'explique pas plus que le génie; et je pense qu'alors j'aurais en moi des raisons solides de préférence qui me sépareraient de M. Delacroix, à moins qu'il ne consentît à modifier quelques unes de ses idées ou plutôt de ses habitudes; mais, si jamais je me décide à attaquer M. Delacroix, moi qui en tremble d'avance et qui l'admire en attendant, ce ne sera, je vous jure, qu'à son succès que j'oserai me prendre.

Aujourd'hui, puisque j'ai parlé d'un excellent portrait de M. Delacroix, l'occasion est bonne pour passer en revue les autres portraits du salon. M. Champmartin, par exemple, n'a-t-il pas quelque droit de se plaindre du silence que j'ai gardé jusqu'à présent à son égard? Bien lui en a pris toutefois que je me sois imposé quelques deux mois de réflexions sur ses ouvrages; car si j'avais parlé tout d'abord, j'aurais été dur et probablement injuste. Les portraits de M. Champmartin ont, dans le premier moment, surpris tout le monde. On s'attendait au développement de la manière riche et brillante qui avait tant séduit au dernier salon, et M. Champmartin avait pris dans l'intervalle je ne sais quel air grave et puritain : peu s'en fallait qu'on ne le reconnût pas, ou, ce qui était pis encore, on ne le reconnaissait qu'à ses anciens défauts. De toutes les qualités de la peinture, celle que les français ont toujours le moins entendue, c'est l'éclat ; arrangez cela comme vous pourrez avec notre ancienne réputation : mais le fait est indubitable. D'un côté, le théâtral et le paravent, de l'autre, le philosophique et l'austère ; Rigaut ou le Poussin, Doyen ou Lesueur, nous ne sortons pas de là. M. Champmartin, séduit par les ouvrages de Lawrence, a voulu d'abord être brillant ; il s'est composé une peinture *ad hoc* pourvue de plus de charme que de solidité ; et puis, la nature française l'emportant, il a quitté le prestige anglais, mais il n'a pas pour cela quitté sa peinture.

Dans les portraits de M. Champmartin, le pinceau, manœuvré avec une habileté supérieure, n'a pas assez de variété ; les chairs, rendues au moyen d'une pâte grasse et ductile comme celle du beurre, sont presque les mêmes pour toutes les têtes, sans distinction de sexe ni d'âge : la peau, sur la face décrépite de M. Portal, ne se distingue guère de la peau des jeunes femmes et des enfans que M. Champmartin a représentés ; ce défaut, que je crois capital, existait déjà dans les portraits de 1831 : il y a mieux, je crois que ces portraits étaient moins cherchés que ceux de 1833. Mais les premiers fascinaient comme une peinture un peu escamotée ; les seconds sollicitent l'attention comme une peinture très sérieuse. Voyez le portrait de M. le duc Decazes ; le fond en est grave et reposé, l'aspect solide, les vêtemens vrais et dessinés avec un grand soin ; la pose n'accuse aucune espèce de prétention : un pas de plus, et

M. Champmartin rappellerait les portraits si simples et si forts de l'école vénitienne. Mais l'enfant est fait sans amour; les chairs des deux figures sont flasques et uniformes; le dessin de la tête principale manque d'accent et de fermeté; il y a des choses mieux réussies dans ce portrait que dans ceux de 1831, et, comme ensemble, c'est un ouvrage moins complet. Ce qui paraît manquer essentiellement à M. Champmartin, c'est la conviction, c'est la foi en la peinture qu'il fait ou qu'il doit faire; car, de l'habileté, de la finesse, des ressources, où est-ce, je vous prie, que vous en rencontrerez davantage?

Il est des hommes que nous avons vus souvent changer de conviction; mais au moins laissaient-ils voir chaque fois qu'ils cherchaient le mieux avec la même chaleur, quoique par des moyens différens. Cette instabilité a souvent porté malheur à M. Sigalon; mais cette fois, et en nous restreignant au portrait de M. Scœlcher père, nous devons convenir que le peintre s'est approché de bien près du but. Ici la pose est heureuse et naturelle, le dessin accentué, la couleur mâle, la physionomie saisie dans le sens le plus large et le plus vrai. Peut-être M. Sigalon n'a-t-il pu donner à l'achèvement de cet ouvrage tout le temps qu'il aurait demandé; au moins la tête nous paraît-elle manquer d'un certain degré de finesse dans le modelé; quoi qu'il en soit, c'est là une production qui saisit à la première vue et qui grandit encore à l'examen.

Le portrait de M. Carrel par M. H. Scheffer, distingué dans les premiers jours de l'exposition, n'a pas aussi heureusement subi l'épreuve du temps. Cette peinture, vraie d'aspect, manque de largeur; on y sent trop les habitudes propres aux tableaux de petite proportion, dans lesquels M. H. Scheffer réussit si complétement : témoin la *Lecture de la Bible*. En revanche (car je pense qu'entre deux frères tout doit être commun, la bonne comme la mauvaise fortune), le portrait de M. Odilon Barrot, par M. Ary Scheffer, a beaucoup gagné à être rapproché de l'œil du spectateur; ce portrait participe plus que les autres ouvrages de cette année de l'ancienne peinture de M. Scheffer; on y retrouve de l'indécision, de la fluidité, quelque chose de creux et de pauvre; mais, comme pensée, comme pose, comme physionomie, comme souplesse de dessin dans l'ensemble, ce portrait me semble irréprochable : c'est là, bien plus franchement, la peinture de M. Scheffer, que la petite fille à fond vert qui s'appuie sur un chien. Cet ouvrage, quoique fin, sent le pastiche et la manière ; ce ne sont pas là des reproches que M. Scheffer ait souvent mérités.

Un homme qui, cette année, se distingue par une couleur qui lui est propre, une bonne conduite d'ensemble, de la naïveté dans les poses, c'est M. Magimel : sa petite fille, sauf un peu trop de détail dans la touche, est la nature prise sur le fait. M. Schwiter, qui n'a pas toujours été aussi heureux, a également bien réussi dans un portrait de petite fille : la demi-teinte que produit sur cette figure l'ombre du chapeau qui la couvre est rendue avec une grande finesse. M. Brémond aussi a exposé un bon portrait d'enfant ; le modelé en est délicat, le caractère individuel. Il est fâcheux que cet ouvrage soit aussi défectueux par le ton. J'en dirai autant de tous les autres portraits de M. Brémond, celui des élèves de M. Ingres qui paraît avoir les intentions de physionomie les plus naturelles, mais qui a besoin, comme presque tous ses condisciples, de se faire une manière qui lui appartienne. M. Jules Etex a déjà presque complétement résolu ce problème : son portrait de femme en robe bleue, le plus goûté peut-être de tous les portraits de femme à cette exposition, a je ne sais quoi de spontané dans la pose, dans l'ajustement et jusque dans la touche, qui fait bien augurer de l'avenir de ce jeune portraitiste. Je ne dissimulerai pas toutefois à M. J. Etex, que dans ses dessins, émancipés complétement qu'ils sont de l'influence du maître, j'ai remarqué une certaine tendance à la manière, et parfois un manque de propriété dans la physionomie. M. Amaury Duval est resté plus fidèle que tout autre à la religion de M. Ingres, mais, cette fois, il y a entre le maître et l'élève une analogie évidente d'intelligence et d'inspiration. Nous avons vu bien des hommes annoncer plus de largeur d'idées et plus d'originalité de manière que M. Amaury Duval; mais nous en citerions difficilement un seul chez lequel le sens du dessin se manifestât plus fin et plus intime. Quand même il serait vrai (ce que nous n'avons nul droit de supposer), que M. Amaury Duval fût appelé à réussir uniquement dans le portrait, la part d'un homme destiné à produire beaucoup d'ouvrages tels que celui dans lequel l'auteur s'est représenté lui-même, me semblerait encore digne d'être enviée.

L'autre jour, pendant que je me hasardais, moi

indigne, à reprocher à M. Ingres sa prétendue stérilité, l'ombre de M. Dubufe m'est apparue. « Tu veux de la fécondité, m'a-t-elle dit : tiens, « prends ! » et l'ombre m'inonda de ses dix-huit portraits. Je voulus fuir, mais les seize portraits de M. Lepaule, sans compter les *Boules-dogues* et le *Louis XIV*, me barraient le passage ; à côté fretillaient les dix-sept portraits de M. Duval-Lecamus ; mais heureusement qu'ils étaient tout petits, et que je pus les passer à gué. Échappé au naufrage, je reconnus que j'avais blasphémé le nom du maître, et que le ciel m'avait justement puni.

Je ne sais si c'est à moi qu'on peut reprocher d'avoir ameuté la critique contre M. Dubufe ; mais ce qui met ma conscience en repos, c'est que M. Dubufe doit se moquer de ma critique et de celle des autres. Il a pour lui le public, ou au moins son public : sa clientelle, depuis qu'on s'est mis en veine de le chicaner, a plutôt triplé que diminué. Quand M. Dubufe aura produit quatre cents portraits comme ceux de cette année, il pourra songer philosophiquement à la retraite; s'il était embarrassé de trouver une inscription pour le modeste palais qu'il se fera sans doute bâtir, j'en ai une toute prête à sa disposition : *Aurea mediocritas.*

J'ai déjà voulu bien des fois parler de M. Lepaule, mais personne peut-être ne m'a causé plus d'embarras. M. Lepaule porte des tableaux comme un pommier porte des pommes; celui-ci tombe, celui-là mûrit, c'est l'affaire du hasard, et jamais de M. Lepaule. Ce peintre n'a pas un talent, mais un instinct de peinture; et cet instinct produit quelquefois des résultats très remarquables. La tête de M. le duc de Choiseul est une des choses les plus grasses de peinture et les plus vives de touche que j'aie vues depuis long-temps; à côté de cela, vous trouvez de véritables misères. Dire à M. Lepaule de se prendre plus au sérieux, d'étudier les maîtres, de s'imposer plus de peine, ce serait peut-être le moyen de détruire tout le prestige de sa peinture. Que M. Lepaule aille donc son chemin, sans s'inquiéter ni de nous ni de lui-même; quoi qu'il fasse, il est toujours sûr de nous amuser dans un sens ou dans l'autre.

Je citerais difficilement quelqu'un qui fût plus sûr de lui-même que M. Duval-Lecamus : ce peintre en est venu dans ses petits portraits en pied à une justesse de pose et d'effet, à un accent constamment naturel, qui méritent plus d'attention qu'on ne le croit; il est à regretter que M. Duval-Lecamus voie nos hommes d'état sous un point de vue si bonasse et si bourgeois; c'est par trop enchérir sur la manière de Plutarque. Si M. Lecamus était d'âge et de tempérament à se réformer, je lui citerais pour modèle de la nature la plus simple relevée par un beau sentiment, les études de mademoiselle Cogniet. Vraiment, c'est à peine si l'on ose dire, à propos d'un nom nouveau, et d'une femme surtout, tout le bien qu'on pense de ces études, si fortes de ton, si naturelles d'effet, si pleines surtout d'émotion et de pensée. La tête de la jeune malade à laquelle sa petite sœur présente des cerises, est, à mon sens, un chef-d'œuvre d'expression. M. Lugardon, de Genève, a aussi envoyé un portrait de *vieille femme* pris dans une nature vulgaire, mais relevé par le caractère du dessin et le sérieux de l'intention. On distingue comme pensée simple et délicate une tête de jeune fille par M. Lessore, et comme début d'un coloriste ferme, original, quoique dépourvu de finesse, plusieurs portraits et une *Adoration des mages*, de M. Brune.

J'attendrai des ouvrages plus importans ou mieux réussis de M. Decaisne pour m'expliquer catégoriquement sur sa peinture. Une autre fois, et quand j'aurai plus de temps à moi, je solderai mon compte avec M. Belloc, autre peintre injustement maltraité par mon silence; je parlerai, s'il plaît à Dieu, de M. Vauchelet, auteur à ce salon d'un portrait en pied fort habilement conduit; de M. Bouchot, dont la palette s'est heureusement éclaircie depuis deux ans, et qui conserve toute sa finesse de sentiment; de M. Gigoux, qui avait besoin du grand jour de l'exposition pour s'apercevoir du peu de solidité de sa couleur; de M. J. Delaroche, qui a prouvé cette fois que s'il eût continué de s'occuper de peinture autrement qu'en amateur, il eût pu doubler la gloire de sa famille; de mademoiselle Gérard, élève, je crois, de M. Paul Delaroche, et qui annonce un beau sentiment de couleur.

J'omets beaucoup d'autres noms que je devrais mentionner, si l'impatience que je suppose au lecteur ne l'emportait sur ma conscience de critique. Il est temps que j'arrive aux genres réputés inférieurs de la peinture de portraits, et dans lesquels je trouve un nom qui vaudrait à lui seul les vingt-quatre chants d'une Iliade. Je ne le prononcerai pourtant pas, ce nom, sans avoir mentionné le début assez heureux de M. Couder dans le genre du pastel, sans avoir appelé l'attention sur le portrait en miniature du Roi par M. Saint, le mieux réussi que je connaisse, sans avoir cité les délicieux portraits au pastel et à la mine de plomb de M. Henriquel Dupont. M. Dupont, qui nous doit une planche ou deux dans le goût de son *Gustave Wasa*, veut nous faire prendre patience; mais il n'en viendra pas à bout.

J'ai dit à l'ouverture du salon que les miniatures de Madame de Mirbel m'en paraissaient, avec les portraits de M. Ingres, le plus bel ornement; deux mois d'épreuve n'ont fait que confirmer en moi cette opinion. Les anciens, qui s'y entendaient, n'ont jamais fait acception de la dimension des ouvrages pour en apprécier comparativement le mérite : une coupe ciselée par Mys le disputait à un colosse chryséléphantin de Phidias, une pierre gravée par Pyrgotèle était plus réputée qu'un bronze de Lysippe. Aujourd'hui encore on donnerait trente statues de marbre contre une figurine authentique de Benvenuto Cellini; et si l'on régale un amateur d'un émail de Petitot, il fera, si l'on veut, un feu de joie avec une douzaine de Rigaud. La miniature, comparée aux portraits sur émail, a un désavantage : elle est généralement trop grande, et toujours trop peu durable pour être

classée parmi les bijoux. Mais Madame de Mirbel
n'a pas la responsabilité de l'invention de la miniature : si on lui reproche de cultiver un genre
aussi mesquin que la peinture sur ivoire, elle vous
montrera ses aquarelles, et l'on jugera si son
imagination est en faute de création.

La miniature, si défectueuse qu'elle soit, a
pourtant sur l'huile une supériorité : c'est de
présenter un fond limpide dont une main habile
sait tirer parti pour rendre la délicatesse et l'éclat
des chairs de femme, les linges, les bijoux, les
fleurs, et généralement tout les accessoires dé-
licats. Après avoir fait, comme tous les autres,
des miniatures chargées, après y avoir prodigué
la touche et le papillottage des détails, madame de
Mirbel en est revenue à la simplicité d'effet, à
l'unité d'intention que les peintres de miniature
n'auraient jamais dû perdre de vue. J'avais
admiré il y a deux ans, autant que personne, les
ouvrages de Madame de Mirbel ; j'étais resté
confondu de la perfection avec laquelle cette dame
avait su reproduire les physionomies, de la fermeté
et de l'éclat de sa manière, surtout dans les têtes
d'homme ; mais ses femmes me paraissaient plus
évitées que réussies : à force de légèreté dans
l'effet, Madame de Mirbel trouvait l'équivalent

des finesses du teint et de la forme ; on aurait dit que le peintre eût craint d'appesantir l'imitation en l'accusant. Mais Madame de Mirbel a réponse à tout, même aux critiques qu'on s'est contenté de penser. Son tact naturel et son expérience lui sont meilleurs conseillers que les plus justes observations. Le portrait de jeune fille pâle et blonde qu'elle a exposé résout le problème de la peinture des femmes. Malgré les obstacles qu'opposait le modèle, nous trouvons ici une pureté d'effet, une sobriété de touche, une vivacité d'expression merveilleuses. Le portrait voisin d'un jeune femme au col alongé ne serait pas moins parfait si la tête était aussi simple et aussi claire de peinture que le buste et les accessoires; mais ces préférences, et celles que je pourrais encore établir, ne s'appliquent qu'aux différentes productions du même pinceau : soyez convaincus que je ne compare Madame de Mirbel qu'à Madame de Mirbel.

Quant aux trois aquarelles que ce peintre a aussi exposées, que voulez-vous que j'en rapporte, puisque ce sont des aquarelles et des portraits d'hommes? Si je disais que Madame de Mirbel s'est surpassée dans ces trois ouvrages, qu'elle n'a jamais fait si franc, si serré et si vivant, on prendrait mon assertion pour une hyperbole de politesse : c'est pourtant un malheur de ne point être cru, quand on ne dit que ce qu'on pense. Toutefois, et comme il n'y a pas de chose au monde qui ne prête à la critique, il me semble que Madame de Mirbel, même dans ses plus parfaites aquarelles, même dans ses plus beaux portraits d'homme, pourrait arriver à plus d'unité et de simplicité d'effet : sa miniature de jeune fille lui montre la route.

CHAPITRE XII.

Conclusion.

Je voudrais continuer, que je ne le puis ; l'heure de la clôture a sonné sans rémission : il ne me reste plus qu'à me battre la poitrine pour toutes les omissions que j'ai faites, pour tous les jugemens hasardés ou injustes que j'ai portés. S'il ne s'agit que des omissions, avec moins de temps et d'espace qu'il y a deux ans, j'ai certainement moins de reproches à me faire : il est bien des intentions excellentes, des dispositions heureuses qui m'ont échappé, sans doute ; mais je ne crois avoir oublié rien de ce qui doit rester, rien de ce qui dépasse la ligne de ces demi-réussites aujourd'hui si communes. Quant aux jugemens, c'est autre chose : peu à peu, et malgré moi, me voici monté sur la brèche ; mes sympathies se sont fait jour ; ce qui me déplaisait intimement a fini par me déplaire publiquement : que vous dirai-je ? je suis devenu homme de parti, j'ai pris des engagemens de parole et de doctrines ; j'ai donné le droit à bien des gens dont j'honore le mérite, de dire : Celui-ci n'est pas des nôtres. Si j'étais chargé de me juger moi-même, à coup sûr je m'absoudrais du reproche de partialité : dans mon opinion, je ne me serais mis que du bord des talens consciencieux, sans acception d'origine, contre les talens pour lesquels la conscience de l'artiste n'est pas la suprême loi : malheureusement, si sévère que vous croyiez être pour vous-même, vous ne trouverez jamais personne qui soit si bien disposé en votre faveur. Je me résigne donc à ce que mes intentions soient interprétées comme il plaira à ceux qui ne seront point entrés dans ma pensée.

Essayons, avant de jeter un coup d'œil rapide sur les résultats de l'exposition, de réparer, autant qu'il est désormais en moi, quelques unes de mes omissions les plus graves. J'aurais vivement désiré pouvoir gratifier d'un article à part les architectes et les graveurs en médailles, véritables parias de l'exposition. J'ai déjà dit au moins ce que le salon renfermait de plus remarquable sous le rapport de l'architecture ; si j'ajoute à cette courte liste dans laquelle figuraient MM. Duban, Albert Lenoir, Lassus et Dedreux, les noms de

MM. Huyot, Hittorff et Chenavard, l'un comme auteur d'un plan restitué de Rome antique qui vaudrait des semaines d'étude; l'autre qui, dans une grande vue perspective à l'aquarelle, a voulu nous faire goûter d'avance l'église polychrôme qu'il bâtit au sommet de la rue Hauteville; le troisième, dont le nom seul est devenu un éloge suffisant, je crois que j'aurai au moins donné la carcasse de mon article d'architecture. Un mot de plus pourtant sur les dessins de M. Dedreux. Voici plus de dix ans que cet architecte est revenu de la Grèce, et les documens inappréciables que MM. Huyot et lui avaient recueillis pour la topographie classique sont demeurés inédits. A présent que le gouvernement fait exécuter avec luxe l'ouvrage des antiquités de la Morée, ne serait-ce pas le cas d'acquérir les dessins de MM. Huyot et Dedreux, et de les publier en supplément au Voyage de M. Blouet? Tout l'embarras se réduirait à faire voter aux chambres une fois de plus les fonds qu'elles consacrent annuellement à l'ouvrage de Morée. Il ne s'agit point ici d'un de ces conseils impraticables comme en donnent à l'administration ceux qui ne s'inquiètent jamais des moyens d'exécution : c'est un avis que j'émets avec pleine conscience, avec une assurance absolue que le gouvernement, s'il accueille cette pensée, se fera à peu de frais, dans toute l'Europe savante, un honneur infini.

Une chose aussi dont il n'est plus dans nos mœurs de s'inquiéter, c'est l'exécution des médailles. Et pourtant quel moyen plus assuré, pour une nation qui tient quelque peu à sa gloire, de perpétuer son souvenir? Où en serions-nous pour la connaissance du monde ancien, pour les élémens de la certitude historique, si on supprimait tout d'un coup les documens que nous fournissent les médailles? Lorsqu'une mesure contre laquelle nous avons vainement protesté supprima la monnaie des médailles, que vous êtes simples, nous criaient les accapareurs de la monnaie des espèces; avec le matériel immense de notre établissement, avec les ressources de tout genre dont nous disposons, l'exécution des nouvelles médailles sera cent fois plus prompte et plus fréquente.

Or, depuis cette réunion, ou plutôt depuis la révolution de Juillet, il semble que la gravure en médailles ait péri. Il est temps que le gouvernement donne un démenti formel à nos plaintes et à nos prévisions. Quant aux graveurs en médailles, si le public s'occupe peu de leur talent, si l'horizon de leur gloire actuelle est rétréci, ils ont une si belle revanche à reprendre dans l'avenir, que c'est à peine si je les plains. Quand les ouvrages des Ingres et des Gros n'existeront plus qu'en souvenir, quand on aura fait de la chaux avec les bustes de M. David, et chargé des canons avec les statues du pont de la Concorde, le nom de Depaulis ou de Vatinelle, gravé en caractères minuscules dans l'angle d'une médaille de douze lignes, apparaîtra bien autrement vif aux esprits d'alors que toutes les gloires dont ils n'auront pas une idée plus nette que nous ne l'avons de la peinture de Nicomaque ou de la sculpture de Myron. Cependant, si le public prenait fantaisie de s'occuper de médailles, je lui recommanderais cette année les cadres de MM. Vatinelle et Depaulis ; dans l'un, il trouverait des compositions fines et gracieuses, dans l'autre il admirerait la meilleure effigie monétaire du Roi que nous possédions jusqu'à ce jour, et un projet de médaille sur les agrandissemens du musée, qui rappellera ces belles créations de notre âge quand elles n'existeront plus. M. Depaulis est certainement, parmi les artistes aujourd'hui en fleur de talent, celui qui comprend avec le plus de finesse, de correction et de noblesse l'art infiniment difficile de la gravure en médailles. Un gouvernement qui oublierait de tirer parti de M. Depaulis, agirait directement contre son propre intérêt.

De retour à la peinture, je me sens la conscience un peu plus bourrelée; je n'ai pas parlé du *Taureau* de M. Brascassat, si ferme de ton, si précis de formes, si juste de mouvement, mais vivant au milieu d'une nature qui n'a ni mouvement, ni forme, ni couleur. J'aurais dû signaler le début de M. Riesener, autre peintre d'animaux, qui voit naïvement la nature, et attaque la couleur avec franchise. Que dis-je? j'ai passé sous silence quasi toute la peinture familière, les Pigalle, les Bellangé, les Beaume, les Destouches, les Adolphe Roëhn, les uns qui montent, les autres qui descendent, d'autres encore qui se maintiennent à peu près au niveau de leur passé, ont été pour moi comme s'ils n'étaient pas. Que j'aurais eu de complimens polis à faire à madame Dehérain dont les têtes ont singulièrement gagné en justesse d'expression! Voici deux fois que j'oublie madame Rude, et pourtant, en 1831, j'avais été frappé du mérite de sa *Sainte-Famille*, et je retrouve aujourd'hui, dans son *Adieu de Charles* Ier *à ses enfans*, presque toutes les qualités qui m'avaient séduit alors. M. Robert Fleury, qui perd son temps et sa peine à chercher tour à tour la route des autres, et qui dépense un talent de peinture très distingué en imitations imparfaites de tel ou tel de nos contemporains, valait pourtant mieux que cette froide mention. Si le tableau des *Femmes d'Albano à la fontaine* de M. Bodinier ne m'a pas complétement satisfait, j'aurais eu plaisir à mettre en lumière sa ravissante composition des *deux Femmes du Nettuno*. Quant à M. Jeanron, tout plein de sentiment qu'il est, tout peintre que la nature l'a créé, j'attendrai pour reparler de lui qu'il ait nettoyé sa palette. Il n'y a que les enfans qui soient jolis, avec leur petite face barbouillée; et un peintre, à la seconde fois qu'il expose, n'est déjà plus un enfant.

J'aurais volontiers repris le chemin de la Grèce sous la conduite de M. Dupré; et si M. Perrin avait voulu me faire toucher au doigt le vrai de l'histoire de Tobie, l'attention et l'examen m'auraient peut-être rendu moins récalcitrant que la première vue. Je dois surtout une amende honorable à ceux dont le mérite incontestable est de n'avoir point désespéré du salut de la grande peinture, à M. Latil, à M. Cibot, à M. Jolivet, à M. Colson, à M. Abel de Pujol, à MM. Léon Cuny et Eugène Goyet, à M. Monvoisin qui frise le but sans le toucher encore, à M. Rouget surtout, qui aurait trouvé le public moins répugnant à s'échauffer pour lui, si lui-même il n'avait refroidi sa toile avec des flots de blanc de céruse. Il n'y a pas un des noms que je viens de citer qui n'appartienne à un homme de talent : mais la peinture ne serait plus la peinture, si tant d'artistes à la fois avaient trouvé la route du succès. Au reste, quand on me verra sur la conscience des ouvrages de cette dimension, on comprendra si je porte légèrement le paquet de lithographies, d'aquarelles, de lavis, qui brillent aux deux extrémités de l'exposition, comme deux rubans sur la tête d'une femme, et duquel toutefois j'aurais extrait volontiers les croquis gothiques de M. Durand, le simple ouvrier rouennais, et les jolies Basses-cours de mademoiselle Alaux, aussi finement et naïvement rendues que quoi que ce soit au monde.

Je retrouverai en temps et lieu les gravures pour lesquelles l'exposition commencée au Louvre se continue par la ville : le *Virgile* de M. Pradier, le *Charles-Quint à Saint-Denis* de M. Forster, le *Cromwell* de M. Dupont : ce n'est pas là ce qui m'inquiète. Mais au milieu de tous mes remords, ceux que j'éprouve à l'endroit de

MM. Biard et Roger sont certainement les plus cuisans. M. Biard est un rejeton de l'école lyonnaise, plus vif et plus heureux que sa mère, et dont le talent à plusieurs faces se refuse en quelque sorte à l'analyse. M. Biard tient à la première manière de Bonnefond par la pensée et un peu par l'exécution des *Comédiens ambulans :* il entre presque dans la famille de Léopold Robert pas ses scènes orientales. Les *Folles de l'hôpital de Lyon* décèlent en lui le sentiment juste de la pantomime; quant à sa peinture, elle est, selon les lieux et presque selon les jours, sèche ou grasse, lâchée ou sentie. Il semble que si l'on pouvait comprimer en un seul sujet un talent ainsi éparpillé, on assurerait à l'école un peintre d'un mérite peu commun : mais on ne comprend pas nettement par quel moyen ce talent devra se régler et dans quelle voie il pourra définitivement entrer. C'est une énigme encore, mais une énigme bien tournée, comme celles de l'anthologie grecque.

Il n'en est pas de même de M. Roger : ce peintre a positivement et sa route naturelle et sa route voulue; comme exemple de sa route naturelle, nous avons un délicieux petit tableau d'une *Jeune mère italienne qui regarde son enfant endormi.*

Ce n'est ni la recherche du style, ni la précision du dessin, ni la vérité de la couleur qui recommandent cet ouvrage; c'est un je ne sais quoi de sensible, de doux, de chatoyant, de charmant. A côté de cela, M. Roger nous montre dans sa *Révolte de Rome en* 1793 et dans ses *Deux religieuses,* une volonté obstinée d'arriver à la peinture serrée, une ambition des sujets historiques et de haute expression. Le public tiendra-t-il compte à M. Roger de ses efforts? c'est ce que l'avenir seul nous apprendra. Quant à cette fois, il m'est impossible de me prononcer complétement en faveur de la nouvelle manière de M. Roger : je regrette seulement que l'espace me manque pour développer les motifs de mon incertitude.

Pour en revenir à l'ensemble de l'exposition, le public sent déjà l'effet du salon annuel. Chacun a le sentiment que tout n'est pas fini : les noms que l'opinion réclame avec le plus de force n'ont pas répondu à l'appel; la clôture du salon ne paraît pas une conclusion, mais une suspension : or, c'est là justement où il en fallait venir. Le salon de l'an prochain, avec Ingres, Robert, Schnetz, Delaroche, ne sera probablement pas plus complet; la sculpture, si riche cette fois, se dégarnira à son tour; le paysage, plus sûr d'arriver à époque fixe, ne sera peut-être pas si heureux dans ses efforts ; enfin nous commençons une chaîne qui ne s'interrompra plus ; le public, autant que la nature des choses le comporte, s'habituera à s'occuper des arts de dessin, comme il a l'habitude de s'occuper de musique et de théâtre. Or, l'art ne dure et ne prospère que chez les peuples pour lesquels il est devenu une habitude.

Quand je vois la peinture actuelle à côté des anciens maîtres, je n'ai foi qu'au passé ; quand je la vois seule, je ne me trouve pas encore de solides motifs de confiance ; mais si je me reporte à vingt-cinq ans en deçà, je recommence à prendre courage. Les grands tableaux d'alors étaient sans doute meilleurs que ceux d'aujourd'hui ; on poursuivait l'idée poétique avec plus de foi et de persévérance ; on se tirait plus habilement d'un tableau d'apparat, l'étoffe des hommes semblait plus forte : reste à savoir si au fond elle était aussi solide. Au moins est-il certain qu'on demande aujourd'hui beaucoup plus à un portrait, à un tableau de petite dimension, à un paysage, qu'on ne demandait alors ; les succès s'obtenaient à meilleur compte, même dans la peinture d'histoire ; et sans parler ici de toutes les causes qui ont réduit à presque rien le nombre des grandes toiles, je ne doute pas que le raffinement du goût n'ait arrêté bien des mains prêtes à hasarder les hautes entreprises. Ce qui me paraît indubitable, c'est que nous rendons mieux justice au talent quand il se montre; nous tirons de notre scepticisme en fait d'art au moins cet avantage, que s'il se présente à la fois des ouvrages aussi différens que ceux de MM. Ingres et Delacroix, Robert et Decamps, Aligny et Delaberge, nous ne repoussons pas les uns par admiration pour les autres; les solennelles injustices qui sous l'empire signalèrent l'apparition des tableaux d'Ingres et de Prudhon ne se renouvelleraient pas aujourd'hui.

On ne contestera pas non plus que si nous avons peu de pages de la dimension du *Saint-Etienne* de M. Abel Pujol, et du *Fils de la veuve de Naïm* de Guillemot, des ouvrages d'un mérite aussi tranquille, pour ne pas dire plus, feraient aujourd'hui peu de sensation. Et pourtant, lorsque l'école défunte nous donne encore un posthume tel que les *Trois anges* de M. Broc, nous retrouvons en nous assez d'impartialité pour rendre justice aux qualités éminentes de cet ouvrage; nous sentons intérieurement une fibre sympathique aux belles choses d'un tableau qui écrit si nettement sa date.

Et puis, si l'on est de bonne foi, on avouera qu'à aucune époque, en France, autant de personnes ne se sont occupées de l'art; l'entraînement est au moins aussi grand dans le public que chez les artistes : je ne vois donc pas la raison pour laquelle tant d'efforts ne seraient pas couronnés de succès. Le malheur sans doute est d'avoir par devers soi une telle masse de chefs-d'œuvre anciens, dont le souvenir et l'impression nous poursuivent toutes les fois que nous mettons la main à l'œuvre. Dans quelque sens que nous nous retournions, il nous est impossible de faire de notre époque autre chose qu'une époque d'imitation. Or, la question est de savoir si l'imitation est une chose tellement abominable que nous devions pour cela désespérer de nous et de nos neveux. Si les sculpteurs anciens, qui sous Trajan et Adrien imitaient les chefs-d'œuvre des écoles grecques, avaient craint de passer pour imitateurs, plus des trois quarts des ouvrages qui nous ont initiés aux idées de la belle antiquité auraient été remplacés par des tentatives barbares et grossières. Heureux qui naît à ce moment où un peuple monte le chemin de sa gloire! Tous les pas alors sont empreints de vie et d'originalité. Mais si votre destinée vous jette dans les rangs d'une nation qui subit l'inévitable retour des choses humaines en fait d'art, persuadez-vous bien que votre tâche n'est pas alors sans prix, qu'il reste une place aux Tacite et aux Châteaubriand long-temps après les Salluste et les Bossuet.

Savez-vous, puisqu'il nous faut imiter, comment l'imitation nous profitera ? C'est en étudiant non seulement les résultats, mais les moyens dans les maîtres ; c'est en repassant, s'il est possible, par la voie qu'ils ont suivie pour arriver à produire leurs chefs-d'œuvre; c'est en nous persuadant que ces hommes, qui nous paraissent immenses et presque fantastiques à distance, ont été en général des hommes simples, pourvus d'un sens juste, qui croyaient par dessus tout en la nature et beaucoup moins en leurs propres forces ; des hommes laborieux surtout, et qui savaient attendre le succès, qui le cherchaient toujours par les voies les plus lentes et les plus pénibles. Il s'est trouvé dans tous les temps des gens pour piper la renommée, pour escamoter la gloire, pour jeter de la poudre aux yeux de leurs contemporains : tous ces hommes aujourd'hui sans exception ne sont rien ; il nous faut des efforts d'intelligence et d'attention pour comprendre par quel côté ils pouvaient séduire ; tous ceux au contraire qui ont cherché de bonne foi la vérité, quelles que soient les positions dans lesquelles ils ont vécu, quelque part singulière que la destinée leur ait faite : ceux-là sont clairs à nos yeux, ils nous attirent, ils nous subjuguent, et si parfois nos sens se trouvent trop grossiers pour les comprendre, l'autorité de leur talent est comme un mystère qui commande notre foi.

Dans l'absence de ses concurrens naturels, la palme du salon ne pouvait guère échapper à M. Scheffer aîné. *Sa Marguerite*, après un peu d'hésitation, la lui a unanimement conquise. Si l'on ne considérait que le matériel de la peinture, *la Marguerite* est très inférieure *au Raphaël* de M. Horace Vernet. Or M. Vernet, avec toute son habileté, n'a recueilli que des critiques plus ou moins sévères ; M. Scheffer critiqué aussi, mais avec plus de modération, a grandi dans l'opinion de ceux-mêmes qui professent le moins de sympathie pour sa peinture. On ne peut citer, après *la Marguerite* de M. Scheffer, comme ouvrages dans lesquels la masse de qualités l'emporte sur celle des défauts, que *le Giotto* de M. Ziegler, *la Bonne et la Mauvaise fille* de M. Orsel, *les Trois anges* de M. Broc. *La duchesse d'Orléans*, de M. A. Johannot, reste comme un type de la peinture qu'on est convenu d'appeler peinture de genre. Deux débuts ont occupé le public ; on peut juger aujourd'hui, après deux mois d'épreuve, qui promet plus de M. Amiel ou de M. Alexandre Hesse.

Dans le genre familier, je dois rappeler la *Lecture de la Bible* de M. Henry Scheffer, la *Scène d'intérieur* de M. T. Johannot, et surtout *le Singe* de M. Decamps. Dans le paysage, j'ai déjà nommé MM. Aligny et Delaberge : MM. Corot et Cabat se sont soutenus ; les plages de M. Dagnan ont été mieux appréciées que d'abord ; M. Jules Dupré n'a pas gagné au grand jour. M. Granet et M. de Forbin ont dignement soutenu la peinture d'intérieur, et M. Dauzats y a pris un rang honorable. Si nous considérons non la difficulté, mais le résultat, M. Perrot doit être cité comme peintre d'architecture. Les portraits, graces à M. Ingres et à madame de Mirbel, tiennent le premier rang de l'exposition de peinture : un seul portrait de M. Sigalon doit être nommé avant les nombreux ouvrages de M. Champmartin : ce dernier a tout ce qu'il faut pour prendre l'année prochaine une éclatante revanche. Si je n'avais pas craint de charger mon dernier article sur les portraits, j'aurais mentionné ceux de M. Guichard, maniérés, mais pleins de mérite; j'aurais tâché aussi de démontrer au public qu'il se trompe en condamnant en masse les portraits de M. Court; l'effet du *Boissy-d'Anglas* réagit injustement sur ces ouvrages; mais quand on ne s'inquiétera plus d'y chercher les manières du beau monde, on sera bien étonné de n'avoir pas rendu plus de justice à leurs qualités solides.

Nous restons, pour nous consoler du vide de la peinture, avec *les Pêcheurs napolitains* de MM. Rude et Duret, avec *les animaux* de M. Barye, et le *Caïn* de M. Etex. Si la sculpture, comme nous l'avons vu faire toute notre vie, nous semble arrivée à son apogée dans l'ouvrage de M. Duret, et surtout dans celui de M. Rude, nous trouvons chez M. Etex l'annonce d'une sculpture plus forte, plus ardente, plus antique que tout ce qu'ont produit nos froids et pauvres contemporains. Il faut attendre le jeune sculpteur au marbre de son groupe : c'est là que nous le jugerons définitivement. Car nous ne pouvons douter que le gouvernement ne demande ce marbre à M. Etex : le succès du modèle en plâtre a été si éclatant, qu'il y aurait de la malveillance à supposer dans une administration quelconque l'intention de méconnaître ce succès : à plus forte raison, quand il s'agit d'une administration qui, comme celle des musées, a donné tant de garanties de son amour des arts et de ses lumières. On ne doit jamais, avant l'événement, regarder comme possible ce qui, une fois accompli, encourrait une si rigoureuse réprobation.

Au reste, quoi qu'on fasse, ne croyez pas que cette fois je réclame contre les décisions qui seront prises. Il n'y a guère de profit à engager une lutte corps à corps contre des faits consommés. Ainsi donc, cher lecteur, si, sur la liste qui va être publiée des médailles, des mentions et des commandes, vous rencontrez beaucoup de noms qui n'auront pas figuré dans ces colonnes, je vous engage à parier cinq contre un que l'erreur n'a pas été de mon côté. De cette façon vous concevrez une idée aussi nette des résultats administratifs de l'exposition que de ses résultats pour la marche de l'art. *Dixi*.

FIN DU TOME SECOND.

TABLE DES MATIÈRES
DU TOME SECOND.

	Pag.
CHAPITRE PREMIER. — Salon de 1833. — Introduction....	1
CHAP. II. — MM. Alex. Hesse, Amiel, Guichard, Collin, Court............	15
CHAP. III. — MM. Orsel, Broc, Scheffer aîné, Louis et Clément Boulanger............	28
CHAP. IV. — Les nouvelles salles. MM. Alaux, E. Devéria, Schnetz, Heim, Droling............	43
CHAP. V. — MM. Rude, Duret, A. Etex, Barye, Honoré............	62
CHAP. VI. — Sculpture. — MM. Préault, Duseigneur, Moine, Dantan jeune, Chaponière, David, Pradier....	78
CHAP. VII. — Paysage. — MM. Rémond, Gué, Jolivard, Paul Huet, Dagnan, Van-Os, Leblanc, Périn; Perrot, Turpin de Crissé, C. Isabay, Roqueplan, Tanneur, Aligny, Corot, Delaverge, Rousseau, Cabat, Jules Duprez............	93
CHAP. VIII. — MM. Granet, Decamps, Saint-Evre, de Forbin, Triquetty, Meulien, Dauzats, Cottrau..........	114
CHAP. IX. — MM. Horace Vernet, Ziegler, Alfred et Tony Johannot............	130
CHAP. X. — M. Ingres............	147
CHAP. XI. — Portaits. — MM. Delacroix, Champmartin, Sigalon, A. et H. Scheffer, Magimel, Bremond, J. Etex, Am. Duval, Dubufe, Lepaule, Duval-Lecamus, etc. — Madame de Mirbel............	168
CHAP. XII. — Conclusion............	188

LISTE GÉNÉRALE

DES ARTISTES.

Alaux. I. 25. 167.
    II. 11. 54. 55. 56.
Alaux (Mademoiselle). II. 195.
Aligny. I. 28. 78. 79. 80. 81. 82. 83.
    156. 157. 174.
        II. 13. 52. 103. 104. 105.
    106. 107. 110. 203.
Allier I. 40.
Amiel. II. 21. 203.
Arrowsmith. I. 174.
André. II. 102.
Augustin. I. 176.
Amaury Duval. II. 17. 179.
Belloc. II. 183.
Bouchot. I. 26. 59.
    II. 17.
Bidault. I. 28. 156.
    II. 94.
Bouton. II. 127. 128.
Bertin (Edouard). I. 28. 83. 156.
    157. 158. 159. 160. 174.
        II. 103. 104. 105.
Bertin (V.). II. 94.
Bouhot. I. 29. 174.
Bra. II. 89.

Beaume. I. 29. 72. 171. 172.
    II. 193.
Barye. I. 30. 40. 41. 179.
    II. 74. 75. 76. 77. 204.
Bosio. I. 33.
Boulanger (Clément). II. 42.
Brion. I. 40.
Brune. II. 182.
Bodinier. I. 70. 172.
    II. 13. 194.
Bonnefond. I. 102. 172.
Bremont. I. 170.
    II. 13. 178.
Boucoyron. I. 170.
Boucher. II. 183.
Bellanger. I. 172.
    II. 193.
Biard. I. 172.
    II. 15. 196.
Boulanger (Louis). II. 15. 40. 41. 42.
Blanchard. I. 177.
Brascassat. I. 87. 172.
    II. 193.
Blouet. I. 178.
    II. 190.

T. II.

Bovy. I. 179.
Broc. II. 35. 199. 203.
Cogniet. I. 25. 27. 155. 167.
    II. 11.
Caminade. I. 25. 121.
    II. 12.
Champmartin. I. 28. 54. 55. 56. 57. 101 et 170.
    II. 17. 174. 175. 176. 203.
Cuny (Léon). I. 28.
    II. 194.
Couder. II. 183.
Chaudet. I. 33.
Cogniet (Mademoiselle). II. 182.
Colamard. I. 33.
Cabat II. 17. 103. 111. 112. 203.
Cortot. I. 34. 36. 37.
Chaponuri. I. 39. 179.
    II. 14. 88.
Collignon. I. 51.
Chauvin. I. 70.
Corot. I. 83. 84.
    II. 13. 103. 104. 105. 203.
Charlet. I. 92. 119.
Colson. II. 194.
Crignier. I. 155. 171.
Cibot. II. 194.
Ciceri. I. 176.
Calliet (Mademoiselle). II. 103.
Cousin. I. 177.
Cottrau. II. 16. 129.
Coste. I. 178.
Crepin. II. 101.
— Chenavard. I. 198 à 208.
    II. 190.
Collin. II. 12. 24. 25.
Court. II. 12. 25. 204.
Drolling. I. 25. 29.
    II. 11. 59. 60. 61.
Dassy. I. 25.
    II. 12.
Duseigneur. II. 83.

Debay (fils). I. 26.
Delaroche (Paul). I. 27. 140. 14 142. 143. 144. 145. 146. 147. 14 149. 150. 151. 152. 161. 168. 16 170. 186.
Delaroche (Jules). II. 183.
Delacroix. I. 27. 101. 154. 169. 19 à 198.
    II. 171. 172. 173. 174.
Devéria. I. 27. 155.
    II. 11. 56-57.
Deherain (Madame). II. 193.
Decaisne. I. 28. 60.
    II. 17. 182.
Dezuine. I. 29.
Durand. II. 195.
Destouches. I. 29. 155.
    II. 193.
Decamps. I. 29. 62. 65. 66. 67. 6 101. 171.
    II. 15. 115 à 118. 203.
Dagnan. I. 29.
    II. 98. 203.
David. I. 34. 35. 36. 38. 98. 99. 10 187 à 194.
    II. 14. 89.
Dumont. I. 35. 37.
    II. 89.
Duret. I. 37. 178.
    II. 14. 63. 64. 68. 69. 70. 20
Desprez. 37. 178.
Dantan (J.). I. 40.
    II. 84. 85. 86. 87. 88.
Dubufe. I. 58. 59.
    II. 180.
Duval-Lecamus. I. 74.
    II. 180. 181.
Drolling (Madame). I. 74.
Dupressoir. I. 87.
David (peintre). I. 107. 114. 116.
Duban. II. 52. 189.
Delorme. I. 121. 122.

Delorme. I. 121. 122.
Dedreux. II. 52. 189.
Dupont (Henriquel) I. 160. 161. 162. 163. 177.
　　　　　II. 184. 195.
Desnoyers. I. 162. 177.
Darche. I. 174.—II. 14. 128.
Desbœufs. II. 89.
Delaberge (Charles). I. 174. 175.
　　　　　II. 13. 103. 107. 108. 109. 110. 203.
Dupré. I. 176.—II. 194.
Duchesne. I. 176.—II. 52.
Dupré (Jules). II. 51. 103. 112. 113. 203.
Depaulis. I. 179.
　　　　　II. 192.
Domard. I. 179.
Dauzats. II. 14. 128. 129. 203.
Dussauce. II 51.
Etex (Antoine). II. 14. 71. 72. 73. 74. 204.
Etex (Jules). II. 17. 178.
Empis (Madame). II. 103.
Forestier. I. 25. 122. 123. 170.
Forbin (de). I. 29. 173. 174.
　　　　　II. 13. 126. 127. 203.
Fleury (Robert). I. 170.
　　　　　II. 193.
Foyatier. I. 38.
Frauquelin. I. 72.
Fragonard. I. 155.
　　　　　II. 11. 59.
Fouquet. I. 174.
Forster. I. 177.
　　　　　II. 195.
Feuchère. II. 89.
Ferrière (Madame de la). II. 103.
Girodet. I. 25. 108. 115. 122.
Granger. I. 25. 118. 119.
Goyet (Eugène). II. 194.
Gudin. I. 28. 45. 47. 48. 49. 86. 87. 101. 175.

Garneray. I. 28. 51. 175.
　　　　　II. 101.
Gilbert. I. 28.
　　　　　II. 101.
Giroux. I. 28. 84. 157. 174.
　　　　　II. 13. 17. 96.
Gué. I. 28. 86. 157. 174.
　　　　　II. 13. 96. 102.
Granet. I. 29. 70. 106. 173. 174. 182.
　　　　　II. 13. 118 à 126. 127. 203.
Goureau. II. 102.
Gassies. I. 29.
Gatteaux. I. 39. 178.
Gechter. II. 89.
Guérin (Paul). I. 59. 115. 122.
　　　　　II. 12.
Gérard. I. 61. 108. 114.
Grenier. I. 72. 172.
　　　　　II. 16.
Géricault. I. 92. 107. 117.
Gigoux. II. 183.
Gros. I. 96. 114. 130. 174.
Guillemot. I. 155.
Gérard (Mademoiselle). II. 183.
Guichard. I. 170.
　　　　　II. 12. 22 à 24. 204.
Girard. I. 177.
Horace Vernet. I. 27. 47. 88 à 102. 144. 169. 170.
　　　　　II. 12. 130 à 137. 202.
Heim. I. 25. 167.
　　　　　II. 11. 59.
Huyot. II. 190.
Hayter (G.). I. 54. 60.
Honoré. II. 70. 71.
Hersent. I. 57. 160.
Haudebourt (Madame). I. 69.
Huet (Paul). II. 13. 97.
Hubert. I. 176.
　　　　　II. 11.

Hittorff. I. 177.
    II. 190.
Harlé. I. 155.
    II. 16.
Hesse (Alexandre). II. 13. 17. 18. 19
    à 21. 203.
Ingres. I. 25. 117. 161. 167. 174.
    186.
    II. 13. 147 à 167. 203.
Isabey (Eugène). I. 28. 49. 101.
    II. 13. 101.
Jolivard. I. 28. 85. 157. 174.
    II. 13.
Jolivet. II. 194.
Johannot (Tony). I. 29. 143. 156.
    II. 16. 145. 146.
    203.
Johannot (Alf.). I. 29. 143. 156. 170.
    II. 13. 141 à 145.
    203.

Joly. II. 103.
Jeanron. I. 71.
    II. 194.
Joubert (Madame) I. 74.
Jaley. II. 89.
Jorand. II. 128.
Kinson. I. 59 60.
Klein. I. 70.
Lassus. II. 52. 189.
Lancrenon. I. 25. 121. 122.
Lethière. I. 25.
Larivière. I. 26.
Lenoir (Albert). II. 189.
Lesaint. I. 29.
    II. 128.
Lami (Eugène). I. 29. 98. 171.
Laitié. I. 36.
Lemaire. I. 40.
Leblanc. II. 17. 99.
Langlois. I. 50. 59.
Lawrenu. I. 54. 55.
Latil. II. 194.

Lapito. I. 87.
    II. 95.
Lequien. II. 14.
Lepoitevin (Eugène). I. 87.
    II. 13. 101. 102.
Leopold Leprince. I. 87.
Lugardon. I. 102. 156. 172.
    II. 182.
Larivière. I. 155.
Lessore. I. 155. 172.
    II. 16. 182.
Lepaulle. I. 170.
    II. 180. 181.
Lehoux. II. 100.
Labouère I. 175.
Laugier. I. 177.
Leisnier. I. 177.
Luchini. I. 177.
Loisel. II. 102.
Morin. I. 171.
Monvoisin. I. 26.
    II. 194.
Mozin. I. 29.
    II. 102.
Moine. I. 30. 41. 42.
    II. 14. 83.
Moitte. I. 33.
Molchnet. I. 40.
Marochetti. I. 40.
Mirbel (Madame de). I. 61. 170.
    II. 13. 184.
    185. 186. 187. 203.
Moulieu. II. 128.
Michalon. I. 78.
Mauzaisse. I. 155. 161.
Meuret. I. 176.
Mercuri. I. 177.
Magimel. II. 17. 178.
Merccy. II. 102.
Nanteuil. I. 34. 36.
Orsel. I. 25. 101. 124. 125. 170.
    II. 12. 28 à 35. 202.

Ouvrié (Justin). II. 102.
Preault. II. 81.
Picot. I. 25. 167.
Pigalle. I. 29. 72. 172.
　　II. 193.
Perrot. I. 29. 51. 174.
　　II. 99. 203.
Pradier. I. 34. 36. 38. 136. 137. 138. 139. 178.
　　II. 14. 89. 90. 91. 92. 195.
Petitot. I. 40.
Pingret. I. 74.
Pagès (Mademoiselle). I. 74.
Prudhon. I. 115. 174.
Perin. I. 155. 170.
　　II. 12. 99. 194.
Prudhomme. I. 177.
Perlet. II. 17.
Poppleton. II. 17.
Puzol (Abel de). II. 194. 199.
Robert (Léopold). I. 26. 70. 81. 102. à 111. 117. 127. 129. 164. 167. 168. 172 à 174.
Remond. II. 17. 95.
Roqueplan. I. 28. 50. 87. 172. 175.
　　II. 16. 51.
Renoux. II. 94. 128.
Roger. I. 29. 70. 172.
　　II. 16. 196. 197.
Roland. I. 33.
Roman. I. 34. 36.
Ramey (fils). I. 36.
Rouillard. I. 59. 170.
Rouget. I. 59. 129. 170.
　　II. 12. 195.
Roëhn (fils). I. 73. 74. 171.
　　II. 193.
Regnier. I. 87.
　　II. 13. 102.
Ricois. I. 87.
　　II. 95.
Reisener. II. 193.

Rude (Madame). II. 193.
Rude (M.). I. 178.
　　II. 14. 63. 64. 65. 66. 67. 68. 204.
Rousseau. II. 13. 103. 110. 111.
Schnetz. I. 26. 70. 96. 101. 106. 126. 127 à 136. 169. 172. 173. 174.
　　II. 11. 57. 58.
Steuben. I. 26. 59, 101. 170.
　　II. 11.
Schwiter. II. 17. 178.
Sigalon. I. 27. 59.
　　II. 12. 176. 203.
Scheffer (aîné). I. 28. 29. 60. 101. 102. 154. 170. 171.
　　II. 12. 35 à 40. 178. 202.
Seheffer (Gabriel). I. 74.
　　II. 176.
Scheffer (Henri). I. 154. 171.
　　II. 13. 177. 178. 203.
Sarrazin de Belmont (Mlle). I. 87. 101. 157. 174.
　　II. 103.
St. Evre. I. 167.
　　II. 13. 123. 124.
Saint. I. 176.
　　II. 184.
Siméon Fort. I. 176.
　　II. 11.
Smargiassi. II. 17. 96.
Thorwalsen. I. 38.
Triquetti. I. 42. 171.
　　II. 127.
Tanneur. I. 51.
　　II. 101.
Turpin de Crissé. I. 156.
　　II. 17. 100.
Tenerani. I. 178.
Van-Os. II. 98.

Vauchelet. I, 26.
       II. 17. 183.
Vatinelle. II. 191.
Villeneuve. I. 87.
       II. 103.

Verbœckoven (Eugene). I. 177.
Watelet. II. 94.
Vernet (Carle). I. 94. 172.
Ziegler. II. 15. 137 à 141. 202.

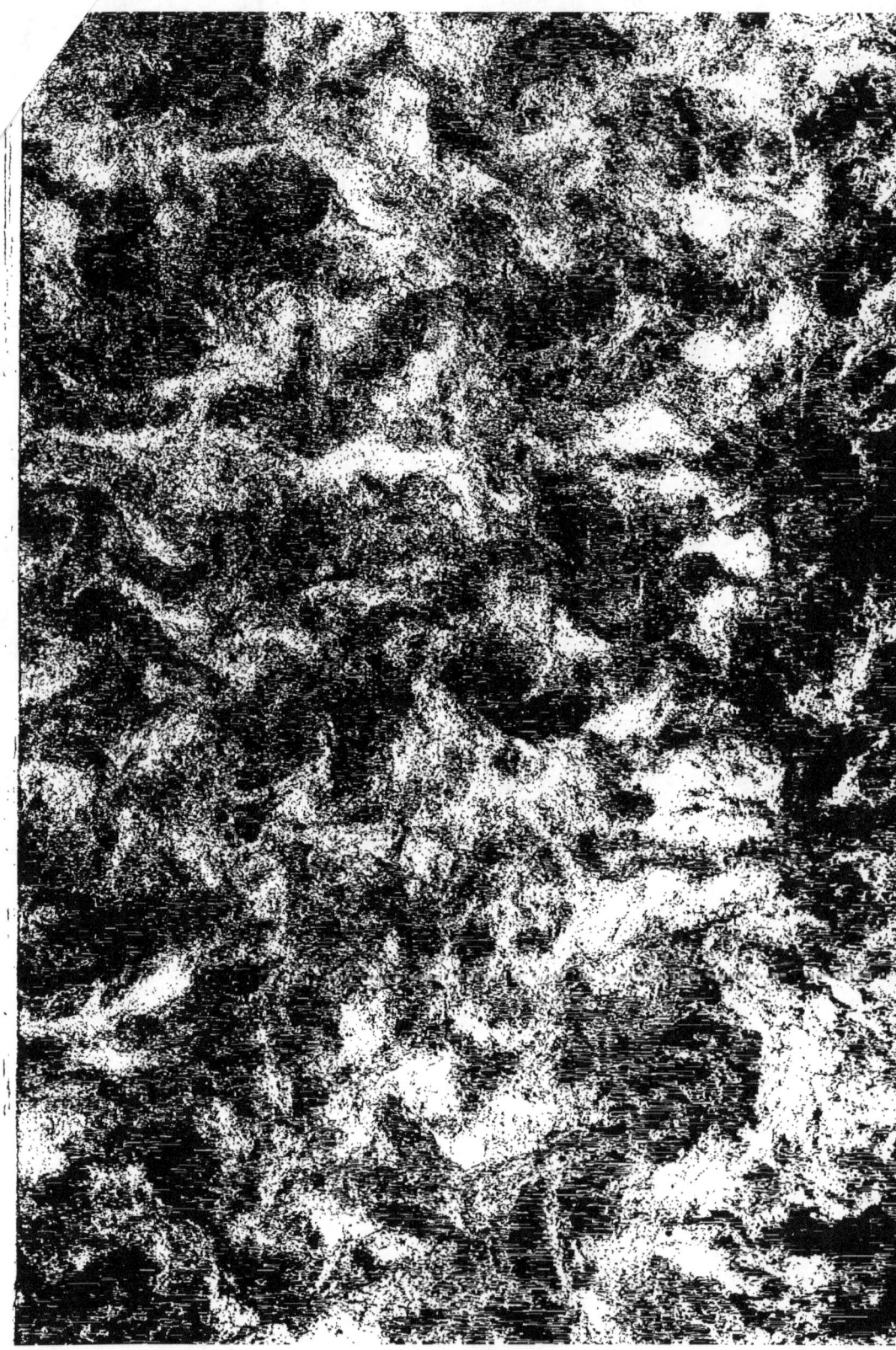